大数据支撑的
海上交通应急资源配置与
优化研究

周晓 程亮 周国清 吴浩 著

武汉大学出版社

图书在版编目(CIP)数据

大数据支撑的海上交通应急资源配置与优化研究／周晓等著．
武汉：武汉大学出版社,2025.1. -- ISBN 978-7-307-24611-9

Ⅰ. U698

中国国家版本馆 CIP 数据核字第 2024JU6222 号

审图号:GS(2025)0166 号

责任编辑:鲍　玲　　责任校对:鄢春梅　　版式设计:马　佳

出版发行:**武汉大学出版社**　（430072　武昌　珞珈山）
　　　　　（电子邮箱:cbs22@whu.edu.cn　网址:www.wdp.com.cn）
印刷:湖北云景数字印刷有限公司
开本:787×1092　1/16　印张:12.5　字数:251 千字　插页:5
版次:2025 年 1 月第 1 版　　2025 年 1 月第 1 次印刷
ISBN 978-7-307-24611-9　　定价:65.00 元

版权所有,不得翻印;凡购买我社的图书,如有质量问题,请与当地图书销售部门联系调换。

前　言

海洋运输作为全球贸易的主动脉，其安全问题不仅关系到经济繁荣，还涉及国家的战略利益和人民的生命财产安全。随着海上活动的日益频繁，海上交通安全面临的挑战也日益增多。自然灾害、海盗活动以及其他非传统安全威胁，都对海上搜救工作提出了更高的要求。如何优化海上应急资源配置、提高海上搜救能力，成为海洋管理领域的重要议题。

本书以南海为研究对象，深入探讨海上交通应急资源配置与优化的关键问题，结合地理大数据、空间分析技术、多属性决策方法等技术手段，从海上事故高发区域评价、海上搜救服务能力分析、海上岛礁搜救基地选址、海上搜救船舶巡航路径规划等方面展开研究。

首先，本书介绍了海上交通应急资源的基本内涵与应急资源配置体系，并梳理了当前海上应急资源配置现状。然后，聚焦海上交通风险因素分析，从危险性和脆弱性两个维度出发，确定并量化关键风险因素。在此基础上，开展海上事故高发区域的评价，通过构建海上事故高发区域评价模型，识别南海海域的事故高发区域。其次，从搜救时空可达性角度评价海上救援能力，为提高海上搜救效能提供支持。进一步地，对海上岛礁搜救基地的选址进行研究，通过设计港岛协同的情景，优化海上岛礁搜救基地的空间布局，提高我国偏远海域的海上应急救援能力。最后，规划海上搜救船舶的日常巡航路径，通过潜在救援需求覆盖最大化布局，制定高效的巡航路径，为海上搜救工作提供实践指导。

本书可以为海洋管理相关部门、海上搜救机构以及海事从业人员提供参考，研究成果有望提高海上搜救效能，从而保障船舶海上航行安全，保护海洋生态环境。希望本书的研究结果为构建更加安全、高效的海上交通环境贡献一份力量。

本书的写作和出版得到了国家自然科学基金项目（42201454）、中央高校基本科

前 言

研业务费项目(CCNU24JC030)以及湖北省青年科技人才晨光托举工程(202454)的资助。由于作者水平所限，书中难免存在疏漏和不足之处，恳切希望同行专家和广大读者给予批评指正。

周　晓

2024 年 7 月

目　　录

第1章　绪论 ··· 1
 1.1　研究背景与意义 ·· 1
 1.2　国内外研究进展 ·· 3
  1.2.1　海上事故风险分析 ·· 7
  1.2.2　海上搜救服务能力评价 ···································· 8
  1.2.3　海上应急搜救设施选址 ··································· 10
  1.2.4　海上救助装备分配 ······································· 12
  1.2.5　海上船舶路径规划 ······································· 13
 1.3　研究目标 ·· 15
 1.4　技术路线 ·· 15
 1.5　主要创新点 ·· 17
 1.6　组织结构 ·· 18

第2章　海上交通应急资源配置基本概念 ····································· 20
 2.1　海上交通应急资源 ·· 20
  2.1.1　应急资源的定义 ··· 20
  2.1.2　海上交通应急资源的特殊性 ······························· 21
  2.1.3　应急资源分类 ··· 22
  2.1.4　应急资源特点 ··· 23
  2.1.5　应急资料来源 ··· 24
 2.2.　海上交通事故 ·· 27
  2.2.1　海上交通事故的基本概念 ································· 27
  2.2.2　海上交通事故特点 ······································· 27
  2.2.3　海上交通事故类型 ······································· 28
  2.2.4　事故演化过程及应急响应 ································· 31
 2.3　海上应急资源配置体系 ·· 33

目　录

  2.3.1　组成结构 ··· 33
  2.3.2　基本原则 ··· 34
  2.3.3　关键要素 ··· 35
  2.3.4　影响因素 ··· 36
  2.3.5　应急资源配置优化 ································· 37
 2.4　本章小结 ·· 38

第3章　海上应急资源配置现状 ································ 39
 3.1　我国海上应急救援体系 ·································· 39
  3.1.1　发展过程 ··· 39
  3.1.2　组织架构 ··· 40
  3.1.3　主要职责 ··· 40
  3.1.4　系统组成 ··· 41
 3.2　我国海上应急资源部署 ·································· 42
  3.2.1　北部海区救助力量 ································· 42
  3.2.2　东部海区救助力量 ································· 43
  3.2.3　南部海区救助力量 ································· 44
 3.3　国外发达国家海上应急救援体系 ·························· 46
  3.3.1　美国海上应急救援体系 ····························· 46
  3.3.2　英国海上应急救援体系 ····························· 48
  3.3.3　日本海上应急救援体系 ····························· 50
 3.4　国内外海上应急救援体系比较 ···························· 52
 3.5　本章小结 ·· 52

第4章　南海概况与数据收集 ·································· 54
 4.1　研究区概况 ·· 54
  4.1.1　自然环境 ··· 55
  4.1.2　地缘政治 ··· 58
  4.1.3　交通运输 ··· 61
  4.1.4　海盗袭击事件 ····································· 61
 4.2　数据来源与处理 ·· 61
  4.2.1　海洋环境数据 ····································· 63
  4.2.2　海上交通数据 ····································· 65

  4.2.3 海上交通事故及海盗袭击数据 ……………………………… 66
  4.2.4 其他数据 ……………………………………………………… 67
  4.2.5 数据预处理 …………………………………………………… 67
 4.3 本章小结 …………………………………………………………… 67

第5章 海上交通风险因素分析 …………………………………………… 69
 5.1 海上交通事故特征分析 …………………………………………… 69
 5.2 海上交通风险因素分析 …………………………………………… 73
  5.2.1 危险性因素分析 ……………………………………………… 74
  5.2.2 脆弱性因素分析 ……………………………………………… 75
 5.3 海上交通风险因素定量分析 ……………………………………… 75
 5.4 本章小结 …………………………………………………………… 79

第6章 海上事故高发区评价 ………………………………………………… 80
 6.1 海上事故高发区评价模型 ………………………………………… 81
  6.1.1 指标体系建立与量化 ………………………………………… 82
  6.1.2 指标风险等级标准化 ………………………………………… 83
  6.1.3 FAHP权重计算 ……………………………………………… 84
  6.1.4 综合评价模型 ………………………………………………… 87
 6.2 南海海上事故风险评价结果与分析 ……………………………… 88
  6.2.1 评价指标空间分布特征 ……………………………………… 88
  6.2.2 危险性空间分布特征 ………………………………………… 95
  6.2.3 脆弱性空间分布特征 ………………………………………… 96
  6.2.4 海上事故风险空间分布特征 ………………………………… 98
 6.3 验证与分析 ………………………………………………………… 99
  6.3.1 有效性检验 …………………………………………………… 99
  6.3.2 灵敏度分析 …………………………………………………… 100
 6.4 本章小结 …………………………………………………………… 101

第7章 海上搜救服务能力评价 ……………………………………………… 103
 7.1 顾及海上船舶航速的海上搜救服务能力评价模型构建 ……… 104
  7.1.1 救援可达时间计算 …………………………………………… 104
  7.1.2 评价指数构建 ………………………………………………… 107

目录

    7.1.3 多情景海上搜救服务能力评价 ······ 109
    7.1.4 结果验证 ······ 111
  7.2 南海周边四国海上搜救能力评价结果 ······ 111
    7.2.1 四国救援可达性分析 ······ 111
    7.2.2 四国搜救能力评价指数分析 ······ 113
  7.3 南海周边四国海上联合搜救能力评价结果 ······ 114
    7.3.1 联合救援可达性分析 ······ 114
    7.3.2 联合搜救下评价指数分析 ······ 115
  7.4 本章小结 ······ 117

第 8 章 海上岛礁搜救基地选址 ······ 119
  8.1 候选岛礁的选取原则与方法 ······ 120
    8.1.1 选取原则 ······ 120
    8.1.2 候选岛礁搜救基地选取方法 ······ 121
  8.2 基于港岛协同的海上岛礁搜救基地选址模型构建 ······ 122
    8.2.1 基于风险指数的潜在救援需求评估 ······ 122
    8.2.2 港岛协同情景 ······ 123
    8.2.3 基于港岛协同的海上岛礁搜救基地选址模型 ······ 124
  8.3 南海海上岛礁搜救基地选址优化结果 ······ 126
    8.3.1 候选岛礁确定 ······ 126
    8.3.2 海上岛礁搜救基地选址优化方案 ······ 127
    8.3.3 多方案比较分析 ······ 128
  8.4 本章小结 ······ 130

第 9 章 海上搜救船舶巡航路径规划 ······ 131
  9.1 巡航区分配方法 ······ 132
    9.1.1 巡航区定义 ······ 132
    9.1.2 搜救基地巡航区划分 ······ 132
  9.2 海上搜救船舶巡航路径规划模型构建 ······ 134
    9.2.1 海上救援需求评估 ······ 134
    9.2.2 基于救援需求覆盖最大化的海上搜救船舶巡航路径规划模型 ······ 134
    9.2.3 船舶巡航路径求解 ······ 136
  9.3 搜救船舶巡航路径规划结果 ······ 137

  9.3.1 海上救援需求分析 ·································· 137
  9.3.2 巡航区域划分结果 ·································· 139
  9.3.3 巡航路径分析 ······································ 141
 9.4 本章小结 ·· 143

第10章 结论与展望 ·· 145
 10.1 研究结论 ··· 145
 10.2 研究展望 ··· 146

参考文献 ·· 148

附录 ·· 167
 一、不同国家/组织海上交通事故定义 ························· 167
 二、北海救助局救助装备列表 ································ 168
 三、东海救助局救助装备列表 ································ 172
 四、南海救助局救助装备列表 ································ 176
 五、烟台打捞局装备列表 ···································· 183
 六、上海打捞局装备列表 ···································· 186
 七、广州打捞局装备列表 ···································· 188
 八、彩图 ·· 191

第 1 章 绪 论

1.1 研究背景与意义

1. 海上交通安全面临多方面威胁

海上交通作为全球贸易的重要组成部分，承载着绝大多数贸易货物的运输任务，据统计，全球有 90%的贸易货物通过海运方式运输，彰显了海上交通在国际贸易中的关键角色(Baksh et al., 2018)。其高效运行促进了全球供应链的畅通和经济的繁荣。然而，这一关键系统却面临着多重安全威胁，这些威胁不仅来自自然环境的变化，还涉及人为因素的干扰，对船舶、船员以及环境造成直接的或潜在的风险。

自然环境因素是海洋交通安全的首要挑战之一。海上的台风、大浪、海冰等极端天气现象经常性地威胁着海域中船舶的航行安全。这些难以精准预测的自然现象，尤其是在高风险区域和季节交替时期，加剧了船舶海上航行的风险，增加了船舶海上航行的不确定性(Xu et al., 2023)。例如，南海和北太平洋地区的台风季节，经常带来严重的海上交通安全隐患，需要高强度的预警和较强应对能力。除了自然因素，人为因素也对海洋交通安全构成严峻挑战。船舶碰撞、搁浅、火灾爆炸以及恐怖袭击等意外事件，不仅会造成重大人员伤亡和财产损失，还可能对海洋生态环境造成长期影响(Chen et al., 2020; Zhang et al., 2021)。特别是在高密度航运区域和窄水道，如马六甲海峡，这些风险进一步增加，需要精细化的管理和预防措施以减少事故发生的可能性。

中国作为一个拥有 3.2 万公里海岸线和广阔海域的国家，海洋经济的迅速发展使其在全球海洋治理中扮演着日益重要的角色。然而，海上船舶运输业迅速发展，也伴随着大量海上交通事故的发生(Faghih-Roohi et al., 2014; Zhou et al., 2020a)。根据南海救助局的工作报告，仅在 2019—2020 年，中国在南海海域执行了 630 次搜救任务，成功救助遇险人员 2176 人，营救遇险船舶 93 艘，涉及的财产价值高达 61.85 亿元(南海救助局，2020，2021)。未来，随着海上船舶运输量的持续增长和运输环境复杂化,中国在海洋交通安全管理方面面临着更多挑战。如何有效应对自然灾害和人为事故,保护人民的生命和财产安全,是中国海洋管理者急需应对的重大挑战。

2. 海上搜救是保障海上交通安全的重要措施

当前,海上交通安全受到极大关注。一方面,船舶尺寸规模不断增大而且数量迅速增加;另一方面,来自多方面的外部环境威胁持续不断。在此背景下,海上事故频繁发生,例如搁浅、碰撞、落水及沉没等。此类事故可能导致严重的人员伤亡、财产损害和海洋环境破坏等不利后果(Heij et al.,2011;Zhou et al.,2019)。因此,对于海洋管理相关部门而言,提供及时有效的海上搜救服务以减少因海上事故造成的人员伤亡、财产损失及环境污染至关重要(Zhou et al.,2020b)。

海上搜救作为保障海上交通安全的重要措施,正受到前所未有的关注和重视。海上搜救又可称为海上搜寻与救助,是指海上搜救力量确定求救方的位置,为求救方提供必要帮助并将求救方转送到安全位置的行动。搜救效能则可以理解为完成特定搜救任务的能力程度(董文洪等,2016)。一般而言,更高的海上搜救效能可以增加海上遇险人员的生存几率。我国政府高度重视海上交通安全,并积极建立和完善海上应急救援体系。该体系旨在针对各种海上突发事件,提供及时、高效的救援服务,保障人民生命财产安全,维护海洋环境。

为切实加强对全国海上搜救和船舶污染事故应急反应工作的组织领导,协调、整合各方力量,提高海上突发事件应急反应能力,最大限度地减少人员伤亡、财产损失和环境污染,我国建立了国家海上搜救部际联席会议制度。国家海上搜救部际联席会议在国务院领导下,统筹研究全国海上搜救和船舶污染应急反应工作,提出有关政策建议;讨论解决海上搜救工作和船舶污染处理中的重大问题;组织协调重大海上搜救和船舶污染应急反应行动(韩鹏等,2020)。我国海上搜救中心是联席会议的办事机构,负责联席会议的日常工作。中国海上专业救助力量主要为交通运输部下属的北海、东海、南海3个救助局,烟台、上海、广州3个打捞局,以及北海第一救助飞行队、东海第一救助飞行队、东海第二救助飞行队、南海第一救助飞行队和南海第二救助飞行队。另外,各港口、企事业单位和航行于中国海域的大量商船和渔船也是重要的海上搜救力量。

然而,尽管中国在海上应急救援体系建设方面取得了显著进展,仍然面临海上应急资源合理配置这一关键挑战。由于海域面积广阔,事故发生的地点和时间难以预测,如何在广袤的海域实现应急资源的合理配置,确保在事故发生时能够迅速有效地展开救援,是当下迫切需要解决的问题。因此,深入研究和有效应对海洋交通安全的多重挑战，优化海上应急资源配置，提升海上应急救援能力，不仅是维护国家经济安全和人民生命财产安全的紧迫需求，更是提升国家海洋管理能力和国际影响力的重要举措。

3. 大数据的发展为海上应急资源配置与优化提供了新手段

近年来，随着遥感、GNSS等空间大数据获取手段的不断进步和广泛应用，海上应急资源配置与优化研究迎来了前所未有的发展机遇。船舶自动识别系统(AIS)是一种自动发送船舶位置和相关航行信息的系统，已成为全球航海领域的重要工具。AIS系统能够实时记录船舶的位置、航向、航速等关键数据。同时，各类海洋遥感卫星提供了大量的高分辨率海洋环境数据。数据涵盖海洋表面温度、海洋风速、波浪高度等多种海洋参数。此外，国际海事组织(IMO)等机构收集和维护海上事故和海盗事件的详细数据记录，包括历次事故的发生地点、原因和影响，以及应对这些事件的搜救行动和救援效果分析。这些海量大数据共同构成了海上应急资源配置与优化研究的重要数据基础。

地理空间分析技术(例如，叠加分析、密度分析、距离分析、路径分析等)、多属性决策方法、目标规划方法等的不断发展与完善，也为本研究提供了坚实的理论基础与技术支持。例如，叠加分析海洋环境数据和航行信息，可以识别搜救资源需求的热点区域，以及最佳响应路径，从而提高应急响应的效率和准确性。而多属性决策方法、目标规划方法的应用，进一步增强了海上搜救资源配置的科学性和系统性。上述方法不仅考虑了多种搜救资源的适宜性和效率，还能够在不同的应急场景下灵活调整，从而确保搜救行动的成功率和持续性。

总体而言，海上交通安全直接关系到人们的生命财产安全、海洋生态环境安全以及国家能源与贸易安全。大数据和地理空间分析技术等方法的发展为海上应急资源配置与优化提供了强大的数据和方法支持，推动了海事管理的精细化发展。因此，从空间角度出发，通过识别海上事故高发区域、分析搜救服务的覆盖情况，并优化海上搜救基地的空间布局和搜救船舶的巡航路径，不仅可以提高海上搜救效能，还能有效保护海洋生态环境，维护国家利益。这些措施对于提升海事管理的现代化水平，具有重要的意义和实际价值。

1.2　国内外研究进展

为了更全面和科学地分析海上交通应急资源配置与优化领域研究的发展态势，本章首先应用文献计量方法，开展了多年文献量化分析。文献计量学是一种通过对科学文献进行定量分析来揭示研究领域发展趋势、关键主题和学术影响力的方法。通过文献计量学，研究者可以利用统计和计量工具来评估文献的数量、质量、引用情况以及作者之间的合作关系，从而揭示出研究领域的热点问题和发展方向。

基于 Web of Science（WOS）数据库，以"海上交通"和"应急救援"为输入限定词，并进一步提炼出和本学科研究主题强相关的学术成果，获取 2005 年至 2023 年间的共 2985 篇期刊文献。采用文献计量方法对海上交通应急资源配置与优化研究进行统计，从发文数量、高产机构、高产国家视角对检索结果进行量化分析。

图 1.1 显示了 2005—2023 年间每年海上交通应急资源配置与优化研究的论文发表数量。可以发现，尽管在 2023 年间论文数量稍微降低，但整体上论文发表数量呈上升趋势。根据发文数量，相关研究可划分为三个阶段：起步阶段、稳步增长阶段和迅猛发展阶段。左边纵轴展示了每年的发文数量。2010 年之前每年发表的文献数量维持在 50 篇左右，为本领域研究的起步阶段；2011—2017 年，公开发表的文献数量平稳上升，属于稳步增长阶段；2017 年以后，发表的文献总量虽然有小幅波动，但增长态势迅猛，为迅猛发展阶段。

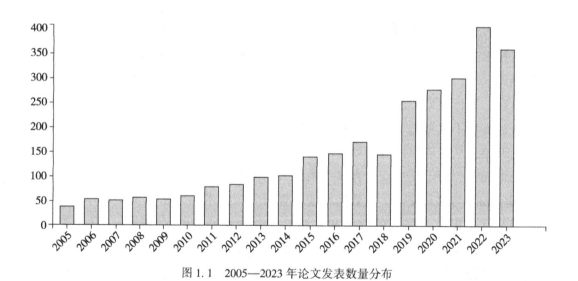

图 1.1　2005—2023 年论文发表数量分布

图 1.2 显示了海上交通应急资源配置与优化领域的高产期刊。具体来说，在期刊 *Journal of Marine Science and Engineering* 上发表的文章总数最多，有 103 篇。期刊 *Ocean Engineering*、*Remote Sensing* 和 *European Journal Of Operational Research* 紧随其后，其发文量均超过 45 篇。此外，收录超过 10 篇论文的期刊有 50 余种，表明此研究领域受到学界的广泛关注。这些期刊文章所涵盖的内容涉及海洋工程、海洋开发利用、海洋环境保护、海洋灾害应对等多个方面，为海上交通领域的应急资源配置

与优化问题提供了丰富的研究视角和解决方案。随着海上交通的日益发展和海洋经济的兴起，这一领域的研究将继续受到学术界和产业界的重视，将促进相关技术和政策的不断创新和完善。

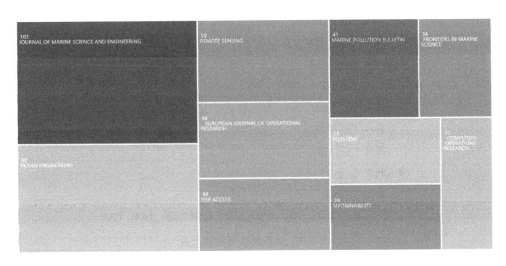

图 1.2　论文收录期刊情况

图 1.3 显示了 2005—2023 年发文总量超过 100 的国家。除中国外，其他国家均为发达国家，反映了这些国家在海上交通应急资源配置与优化领域的持续投入和研究实力。中国作为一个新兴力量，虽然在这一领域起步较晚，但近年来却取得了令人瞩目的发展成就，文献总数达到了 1443 篇，保持着领先优势。排名第二的是美国，其发表文章数量为 669 篇，紧随其后的是英国，发表文章数量为 366 篇。德国、加拿大和意大利等国家也在该领域展现出了较高的研究产出，为海上交通领域的发展和创新作出了重要贡献。这些国家之间的合作与交流不仅促进了学术研究的进步，也为全球海上交通领域的发展注入了新的活力。

为了快速了解海上交通应急资源配置与优化的研究进展，一个高效的方法是向该领域的高产机构学习，以把握其研究动向，为未来的研究突破口提供参考。图 1.4 展示了世界范围内该领域的高产机构。中国的研究机构在这些机构中占据主导地位，其中大多数为中国的高等院校和研究机构，如大连海事大学、中国科学院、上海海事大学等。在所有研究机构中，发文量排名最靠前的是大连海事大学，这反映了中国研究机构对海上交通应急资源配置与优化领域科学问题的重视，也展现了中国在该领域的学术研究实力。此外，法国国家科学研究中心、美国加州大学系统、亥姆霍兹联合会、美国航空航天局以及美国国家海洋和大气管理局也位列前十，表

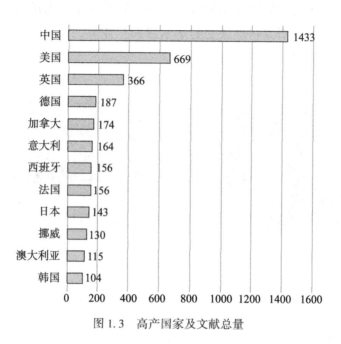

图 1.3 高产国家及文献总量

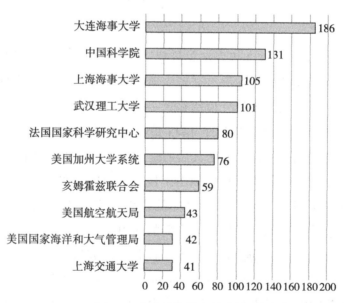

图 1.4 高产机构及文献总量

明它们在该领域的研究水平具有相对优势。通过借鉴这些高产机构的研究成果和方法，其他研究机构的学者可以更好地拓宽研究方向，推动该领域的持续发展和创新。

在上述文献计量分析的基础上，围绕海上交通应急资源配置与优化研究，本书进一步从海上事故风险分析、海上搜救服务能力评价、海上应急搜救设施选址、海上救助装备分配及海上船舶路径规划这五个方面进行详尽综述，深入分析海上交通应急资源配置与优化研究的发展态势。

1.2.1 海上事故风险分析

海上交通安全在保障全球经济快速发展中起着不可忽视的作用(Zhou，2024)。然而，现有的海上运输系统经常暴露于各种风险中，例如台风、海啸等(Pristrom et al.，2016；Wang and Yang，2018；Zhang et al.，2018a)。其中，许多危害可能会导致严重的海上事故，例如碰撞、触礁、沉没、海盗袭击、劫持等(Pristrom et al.，2016；Abbassi et al.，2017；李俊，2008)。为了确保海上航行安全，必须将海上船舶的航行风险维持在较低水平。因此，开展风险评价是提高海上交通安全性的基础环节(Akyuz and Celik，2015；Zhou et al.，2020b)。

从定性评估到定量评价，学者们已经进行了大量海上事故风险研究(Cao et al.，2023；Huang et al.，2023；Wu et al.，2022)。一般而言，海上事故风险相关研究大多数是利用海事报告和统计方法(Zhang et al.，2019)。例如，Zhang 等(2013a)利用综合安全评价(Formal safety assessment，FSA)与贝叶斯网络(BN)技术分析了我国长江水域的船舶事故风险。Vander Hoorn 和 Knapp (2015)引入了一种新的多层风险暴露评价方法来预测海上事故风险。Abbassi 等(2017)开发了一种基于领结图(Bow-tie diagram)的方法进行风险分析，该方法被证明适用于北极海域的运输风险评价。Chai 等(2017)通过分析可能发生的事故场景的频率和后果，建立了定量风险评价(QRA)模型，以评价发生船舶碰撞的风险。此外，Baksh 等(2018)基于贝叶斯网络提出了一个适用于北极航线(NSR)的新风险模型，用于分析发生碰撞、沉没和搁浅等海上事故的可能性。Huang 等(2019a)则通过整合交叉线和蒙特卡罗方法，利用船舶自动识别系统(AIS)数据，定量计算了船舶搁浅的风险。此外，Arici 等(2020)利用模糊领结分析法定量地分析海上运输风险。而针对 21 世纪海上丝绸之路(MSR)的海上运输安全问题，Jiang 等(2020)利用事故报告，分析沿 MSR 发生的海事事故的特征(例如海盗袭击、劫船和交通事故)，并利用贝叶斯网络(BN)方法建立新的风险分析和预测模型。同时，该学者还介绍了一种动态贝叶斯网络(DBN)模型，以计算海上航道的动态紧急风险(Jiang，Lu，2020)。上述学者提出的方法能够用于评价船舶的航行风险。但是，这些方法不足以在空间上呈现海上交通的风险信息。为了解决这个问题，Wang 等(2014)应用模糊层次分析法来分析海上航道事故风险的空间变化。Zhang 等(2019)开发了一种基于灰色关联理论的航行风险评价方法，并根据模拟结果，绘制了不同水域下特定船舶类型的运输风险图。

国内学者在海上事故风险评价领域也取得了一系列成果。汤旭红等(2008)整合历史数据、数学模型以及专家知识,提出了海上事故风险网格化分析与预测方法,评价船舶交通事故的概率与空间分布特征。张文青等(2010)综合考虑船舶事故概率、后果等的差异,从熵权的角度构建了海上事故风险成因物元评价模型,评价船舶事故的成因,并对影响船舶航行安全因素进行排序。杨立波等(2015)依据海域的风险特征确定风险因素指标体系,从船员安全、财产安全和环境保护三个方面确定了风险因素阈值,然后利用单因素评价和多因素分析技术,对水域风险程度进行测算。胡甚平等(2015)发展了海上事故风险云模型,对海上交通系统风险要素间的交互作用和重要程度进行模拟仿真,利用综合云模型对风险要素、事件和结果这三个因素之间的交互进行升云分析,阐明了事故风险成因的影响程度和作用机理。龚慧佳等(2016)借助灰云模型,通过将不确定信息定量化,对多因素作用下的海上事故风险进行评价,并计算了某港口附近海域船员、船舶和环境等因素交互下的海上事故风险。邵明晖等(2018)构建了海上交通安全信号传播指数,并在能见度低的情况下利用该指数进行预测,以期提高船舶航行的安全系数。戴厚兴(2019)利用模糊综合评判法构建了多种不利天气状况下海上事故风险动态评估模型,运用海上恶劣天气预报信息数据,预测未来短期内的船舶密度分布。谢玉华和吴志军(2020)采用分层抽样法与双指标交叉配额抽样法确定调查问卷的对象群体及数量,进而分析影响海上交通事故风险可接受水平的主要因素。结果表明,主要因素的影响力从高到低分别为生命健康、财产损失、生态破坏,而性别、年龄、知识水平、收入情况等是影响公众承受事故后果能力的关键要素。

综上所述,尽管海上事故风险研究已经取得了一系列进展,但在空间尺度上进行风险评价的研究较少,且使用的评价标准十分有限。此外,在评价海上事故风险时,没有可用的空间综合分析方法考虑到一系列海上事故风险驱动因素(危险性因素和脆弱性因素)。在空间维度上,充分认识与理解各个风险驱动因素对于制定降低海上事故风险的措施十分必要(Röthlisberger et al., 2017; Zhou et al., 2023)。空间分析可以有效地绘制风险图(Hoque et al., 2019)。尽管此类方法已在许多应用中使用,但它们并未常应用于海上事故风险评价中。因此,急需提出一种空间方法来评价船舶在海上航行中的风险。

1.2.2 海上搜救服务能力评价

海上搜救服务能力研究主要分为两类(Siljander et al., 2015):即指挥支持型(Operational support)和战略规划型(Strategic planning)。指挥支持侧重于通过模型计算快速搜寻海上遇险人员或船舶的空间位置,为开展搜救提供实时指挥(Zhou et al.,2019)。自从 19 世纪 70 年代第一个基于计算机的搜寻模型成功应用于海上搜救以来,指挥支持型海上搜救模型变得越来越复杂且准确性变得更高(Siljander et al.,2015)。战略规划型旨在评估海上搜救系统的性能(Tong et al.,2017),海上搜救服务能力评价归属于此类。截至目前,学者们已经进行了许多研究来评价海上搜救能力,采用的方法包括模拟仿真(Xiao et al.,2010)、贝叶斯网络(Lin and Goodrich,2010)、云模型(Xu et al.,2014)、机器学习方法(Yan and Lu,2015)、大数据分析(Roarty et al.,2016)等。例如,Norrington 等(2008)使用贝叶斯信念网络(BBN)方法对英国海岸警卫队执行海上搜救服务的可靠性水平进行评估。Shi 等(2014)利用地理信息系统(GIS)作为工具评估南海周边国家(中国、菲律宾、越南和马来西亚)在南沙群岛附近海域的海上搜救服务水平。Siljander 等(2015)提出了一种基于 GIS 成本距离技术的海域可达性计算方法,并利用该方法测算了芬兰湾海域的救援可达性。Zhang 等(2018b)考虑到海上搜救评价指标体系建立过程中可能出现的不确定性和模糊性问题与经典灰白权重函数复杂的缺点,提出了一种灰云聚类综合评价方法,并对广州海事搜救应急管理能力进行了评价。Jia 等(2019)从行动、组织、设备、项目、技术等方面出发,探索了一种基于复杂系统网络架构分析的海上搜救服务能力评价指标体系的构建方法,以期厘清海上搜救任务执行过程中的弱势环节。Zhou 等(2020a)则提出了一种使用自动识别系统(AIS)评估海上搜救任务进度的方法,并在几次搜救行动中的搜救方案制定和任务进度跟踪方面发挥了独特的优势。

国内学者在海上搜救服务能力评价方面也开展了一系列研究,其主要关注国内外海上搜救系统的比较、评价指标体系与评价模型构建等。例如,刘刚(2012)探讨了中国作为缔约国在执行相关海上搜救公约中的不足,在此基础上提出了综合履约方法,并建议以事故预防为中心,通过增加多方合作、建立海上搜救系统评价体系、健全相关法律法规等方法来提高我国海上搜救服务水平。相似地,刘必胜(2013)比较了美国、日本等发达国家海上搜救体系,发现我国在提供海上搜救服务过程中的缺点,进而给出了提高我国海上搜救服务工作的建议,主要包括完善海上搜救法律法规、分清各部门职员的职责、加强国际与地区的合作、加大搜救力量建设等方面。王晓宁(2015)构建了海上搜救能力评价指标体系,并利用多属性决策方法与模糊数学法,建立了所选指标的隶属函数,对青岛附近海域的海上搜救服务水平进行了评价。贾世娜(2017)从搜救体制、装备性能、搜救响应速度等多个方面对比分析中国和美国的海上搜救服务水平,并从六个角度归纳了我国海上搜救服务能力提升策略。马晓雪等(2017)剖析了美国、日本、英国三个国家海上搜救能力共性要素,进而建立了国家层面上的海上搜救服务能力结构方程模型,实证分析表明,对海上搜救服务能力的影响力最高的是应急响应能力。李志亮等(2018)分析了舟山市相关部门或单位在提供海上搜救服务中存在的问题,并从搜救力量建设、船舶监管以及激励机制建设三个方面提出了针对性建议。闫长健和刘晓佳(2019)则提出了海上搜救应急管理能力评价模型,通过层次分析法确定评价指标的分级体系,采用云模型对各指标进行赋权,并利用该模型分析了广州海上搜救服务能力。梁峰(2020)回顾了美国海上搜救体系的发展,并建议我国海上搜救职能部门应从中借鉴经验,从而提升我国海上搜救能力。

综上所述,目前国内外在海上搜救服务能力评价方面开展了一系列研究,并从各国搜救体系比较等方面的定性分析逐渐发展到多种定量分析,但很少顾及海洋条件对搜救船舶航行速度的影响,也未从多个搜救情景多个评价标准出发,充分分析海上搜救服务能力,因此有必要提出一个多情景多指数的顾及海上船舶航速的海上搜救服务能力评价方法,从而定量地分析海上搜救服务能力,发掘存在的不足,提出针对性的效能提升建议。

1.2.3 海上应急搜救设施选址

应急设施布局研究可以被视为服务设施的选址问题,国外关于选址问题的研究较国内更早。德国学者 Von Thilnen 于 1826 年发表的 *The Isolated State* 是该领域最早的研究成果;随后,Hakimi 提出了两大关键问题,即 P-中心问题和 P-中位问题,而 Toregas 则阐述了集合覆盖问题(王凯,2015)。在前人的研究成果上,Churh 和 Revelle 建立了经典的最大覆盖模型(Church,ReVelle,1974)。此后,一些研究者进一步发展出了多种类型的选址模型,例如,联合覆盖模型、广义最大覆盖模型、最大准备度覆盖模型等。这些相关成果逐步发展并成为此领域的主要基础理论。近年来,随着地理信息系统(Geographic Information System,GIS)的不断发展,GIS 技术已在选址研究中被广泛应用(Gunes,Kovel,2000)。由于其在空间数据存储、处理及可视化方面具有独特优势,可为规划者提供更加准确的定位方法。

近年来,选址问题在海上搜救领域上也得到相应发展,主要侧重于搜救船舶定位。例如,Pelot 等(2015)确定了加拿大海岸警卫队在大西洋救援船的最佳位置,以确保在有限的资源下,能够最大可能地挽救生命并减少财产损失。Razi 和 Karatas(2016)提出了基于事故的船舶分配模型(IB-BAM),该模型是一个多目标模型,旨在根据一组标准来分配搜救船舶的位置。此外,Akbari 等(2018a)利用两个具有不同目标的线性优化模型,即最大化覆盖范围和最小化平均可达时间,以解决海上搜救船舶定位问题,并将该模型应用于加拿大附近海域以确定最佳搜救船舶位置。同时,Akbari 等(2018b)进一步建立了一个多目标规划模型,以确定加拿大海岸警卫队搜救船只的最佳位置,从而实现更高的响应度和覆盖率。但是,目前对于海上应急基地选址方面的研究不多。Ai 等（2015）提出了一种离散的非线性整数规划模型，该模型同时考虑了海上应急物资储备基地的位置分配和救助船的配置。考虑到溢油位置、大小和类型存在不确定性，Sarhadi 等（2020）针对海洋溢油事故的应急响应网络的设计问题，提出了一种鲁棒的优化方法，并以加拿大纽芬兰为例进行综合分析，获得最佳的海洋溢油应急基地位置与设施库存。

国内关于选址问题的研究开展得较晚，但也获得了一系列成就，其最早是用来解决工业物流中心的选址问题，而后在海上应急服务设施选址方面也开展了大量工作。汪爱桥等（2011）将海域划分为重要区域与不重要区域，并考虑提供服务的公平性问题，建立了多目标选址模型；最后以宁波—舟山海域为例，对所建立的选址模型的有效性进行了验证。张丽娜（2012）利用 GIS 技术将海域划分为大小一致的网格，在此基础上创建加权救援风险图层，最后借助最大覆盖模型对海上溢油救援基地的最佳位置进行选择。王凯（2015）以渤海海域为例，顾及待救援点的风险级别和海上救援基地的救援能力不同，提出了位置集合覆盖选址方法，并以所有待救援点均被覆盖并且海上救援基地建设数量最小为目标，从而获得渤海地区海上搜救基地最佳建设方案。李云斌等（2016）利用事件树分析法对海上每个溢油点的风险差异进行划分和量化，进而计算每个溢油点需配备的搜救装备力量，从而确定每个海上搜救基地的灾难转移费用，最后采用遗传算法求解并获得海域溢油应急基地的最佳选址建设方案。李欢欢等（2017）综合考虑海域交通模式和历史事故特点，提出了海上搜救基地双层覆盖模型，对渤海海上搜救基地选址进行全局最优求解，从而得到了渤海地区搜救基地的最优选址方案。张聆晔和吕靖（2019）从及时性、有效性以及海上救援需求等视角，提出救援效率满意度指数，进而以应急效率值最大化为基本条件，建立了海上应急物资储备库选址模型，然后通过模拟仿真分析海上事故风险分布的动态性，并构建了储备库选址优化模型，最后利用遗传算法获得最优化选址方案。何斌斌和吕靖（2020）考虑 21 世纪"海上丝绸之路"的应急资源需求，提出了储存库选址技术，以最小化成本为目标，同样采用遗传算法求解，最终获得了 37 个港口作为资源储存库的建设地址。

综合分析国内外研究成果可以发现，目前应急服务设施布局优化研究已经取得了一系列成果，但尚无研究调查海上岛礁搜救基地的最佳位置，此外，对区域救援需求的差异性未进行详细研究。合适位置的海上岛礁搜救基地能明显提高偏远海域的海上搜救能力。因此，如何在顾及海域救援需求的条件下，选择合适的岛礁建立海上搜救基地，与近岸沿海搜救基地相互协同，以提高海上搜救效能，是值得进一步研究的问题。

1.2.4 海上救助装备分配

建设海上应急救援体系,需着重考虑分配海上应急救助资源(SAR),主要包括人员、设备、技术、资金和生活资源(Grabowski et al., 2016；Akbari et al., 2018a)。有效分配海上应急救助资源对于立即解救遇险船舶和受害者至关重要(Karatas, 2020；Dong et al., 2024)。全球已使用多种方法开展了多项关于海上应急救助资源分配的研究(Ma et al., 2022；Sun et al., 2022)。相关工作可分为三类：水面单位分配(如SAR船和救护车船)、飞机分配(如飞机和直升机)以及混合舰队(水面和空中)分配(Karatas, 2020)。

关于水面单位的分配,Wagner和Radovilsky(2012)开发了一个整数线性规划模型,称为船只分配工具,用于确定美国海岸警卫队SAR船的最佳分配。类似地,Razi和Karatas(2016)提出了一个名为"基于事件"的船只分配模型的多目标模型,帮助土耳其海岸警卫队找到SAR船的最佳放置位置。关于海上SAR飞机分配,Nelson等(2014)开发了一个优化模型,用于将SAR飞机部署到机场,旨在最小化飞机舰队的运营成本。Karatas等(2017)提出了一种混合方法,用于优化和模拟SAR直升机的分配。他们通过使用爱琴海案例来演示所提出的方法。Ferrari和Chen(2020)提出了一个数学优化模型,用于规划SAR飞机和沿海机场,旨在优化应对离海紧急情况的决策。近年来,为了协调所有可用的飞机和船舶,开展了一些同时考虑水面和空中资产的研究。其中,Wu(2018)开发了两个博弈论模型,用于为水面和空中SAR资产设计有效的分配计划。该模型在基于2011年东日本大地震数据的模拟中得到验证。Guo等(2019)提出了一个多目标整数非线性规划模型,为决策者提供支持,实现在处理远程海上搜救问题时多种资源分配(例如,直升机、固定翼飞机、救护车船、救援船等)。此外,Xiong等(2020)开发了一个三阶段决策支持方法,以优化包括船舶或飞机在内的海上应急救助资源类型和数量。

国内学者在救助装备分配方面也取得了系列研究成果。例如,朱小林和陈昌定(2019)以减少事件响应时间、降低船队运营成本和协调船舶工作量与应急物资调度之间的不匹配关系为目标,建立基于事件类型的应急物资与船舶分配多目标模型,从而优化海上应急救援系统中应急资源分配。粟智(2021)讨论了无人机的特点以及在搜救领域中的优势,回顾了无人机在海上救援行动中的应用现状,指出需要提高无人机的搜救效率,以发挥无人机在海上救援行动中的作用。何铖等(2021)结合海况、灾情演变等因素,综合考虑储备基地所辖事故区域内应急资源配置过量或不足产生的总成本,构建了基于连续型信息熵的应急资源配置量模型,并通过算例对模型的有效性进行验证。娄帅等(2021)为提高海上紧急事故救援效率,提出考虑救助船类型、高风险水域多重覆盖和搜救责任区需求的多重集合覆盖模型,将该模型应用于渤海及其附近水域进行算例分析,并使用蚁群算法对模型进行求解,得到救助站点选址与救助船配置方案,并对模型优化结果进行敏感性分析。李俊(2023)针对北极东北航道沿线海域海上事故频发,许多海域缺乏救助力量覆盖等问题,以我国极地破冰救助保障船为研究对象,开展了北极东北航道沿线海域的海上救助站点部署、救助力量调度和救助作业仿真系统研究。邵年骏等(2024)提出一种基于协调度的海上救助力量部署复合决策方法,通过建立协调度评价模型对救助单元救助能力和海上救助需求进行协调性分析,运用层次分析法对海洋经济发展过程中产生的海上需求问题进行评价,使用基本图形分析法建立各海洋产业对不同等级的专业海洋救助船的需求模型,构造空间分布。

现有研究主要是从非合作机制的角度出发,关注救援单位的分配问题,这在一定程度上揭示了救援资源配置的效率和效果。然而,这些研究未能充分揭示合作机制下部署海上救助装备的优势,尤其是在考虑海上航行风险时。海上航行风险的分布往往是不均匀的,某些区域可能由于气象条件、海流、航线密集度或其他因素而具有更高的事故发生概率,而合作机制会带来协同效应,从而会降低风险。在合作机制下,不同的搜救单位可以通过共享信息、协调行动和资源整合等手段,实现更高效的搜救行动。这种合作机制不仅可以提高搜救成功率,还可以降低搜救成本,因为它允许各单位利用彼此的优势,避免重复劳动,并减少对单一资源的依赖。

1.2.5 海上船舶路径规划

关于路径规划研究,许多学者使用了多种方法来设计符合特定目的的路径。主要的路径规划方法包括 Dijkstra 算法(Dijkstra,1959)、A-star 算法(Hart et al.,1968)、动态规划(Cormen et al.,2009)、遗传算法(Goldberg,1989)等。近年来,随着海上贸易的迅速发展,海上船舶路径规划研究也获得了一系列成果。这些研究主要着眼于使得船舶在规划的路径上航行最具效率(节省燃料及时间等)(Dickson et al.,2019;Jeong et al.,2019;Wang et al.,2021)。例如,Park 和 Kim(2015)利用 A*算法计算获得船舶在海上航行的每个时间点上的最佳行驶路线,并采用了有效的速度规划使得船舶在完成整个航程的燃料消耗最小。考虑到船舶在海上航行受海洋环境要素的各种干扰影响,例如风、浪和洋流等,Yoo 和 Kim(2016)分析了船舶自身的动态特性和在海洋环境中受到的干扰影响,提出了一种基于机器学习的规划算法来设计海上船舶路径。最近,Zaccone 和 Figari(2017)提出了一种基于三维动态规划的船舶航行规划方法。该方法的目标是在最小化燃料消耗的策略下,根据海上波浪、风场等海洋条件,为船舶航行选择最佳航线和相应的航行速度。Lee 等(2018)

将船舶路线规划问题转化为优化问题,提出了一种用于同时确定船舶的路径和速度的方法。此外,Jeong 等(2019)提出了一种多准则路径规划技术,将安全性、航行效率、定向能力等作为主要标准,对多准则路线进行建模,该技术的优势在于可以根据船行目的和偏好来客观地确定船舶路径。Niu 等(2020)通过整合 Voronoi 图、Dijkstra 算法和 GA 算法等,提出了一种时空上节能的路径规划算法,用于生成最佳的路径图。但是,目前关于巡逻路径规划的成果十分缺乏。Yan 等(2017)提出了一种多自主水下航行器的路径优化技术,用于在复杂的环境中确定水下航行器的最优路径。Huang 等(2019b)设计了一种免疫算法来获得群体机器人组合巡逻的最优路径策略。

国内学者在海上路径规划领域也取得了一定成果。杨怀(2016)着眼于水面无人艇的自主航行,首先利用 A*算法规划全局路径,然后进一步采用多目标优化算法设计出能够实现动态避让的局部路径。吴凤媛(2018)引入海上救助物资需求的差异,构建海上物流路径规划模型;接着,基于复杂网络对提出的物流路径规划模型进行求解,得到考虑应急物资需求差异性的运输路径方案,最后通过算例验证了提出的方法的性能。高天航等(2018)在考虑船舶性能差异的基础上提出了一个海上风险规避路径规划方法,该方法首先模拟多个潜在危害的风险分布特征;然后综合考虑船舶偏好差异,从事故危害、海盗劫持、经济效益三个维度,利用成熟的成本距离算法获得不同船舶的海上风险规避路径。为了提高路径获取的效率和准确性,邹娟平等(2019)首先从已有研究成果出发,构建了船舶应急物流路径规划模型;接着,利用粒子群算法确定船舶应急物流路径所有可能的方案,作为蚁群算法的初始信息;最后,采用双层蚁群优化算法获得船舶应急物流路径。该方法提高了此类路径规划问题的求解效率。陈晓(2019)研究了无人机海上搜救路径,首先采用基于蒙特卡罗法的随机粒子漂移模型,确定了包含目标概率分布的海上搜寻区域,进而构建了无人机救援搜索路径规划模型以获得最佳搜救路径。余梦珺等(2019)整合海冰、海风、海面温度等指标建立了北极西北航道海洋环境威胁场;然后,利用广义网络层次分析法对各个指标的权重进行计算;最后,利用优化的蚁群算法获得北极西北航道海上救援路径。李丹(2020)通过分析海上物流配送的多项约束条件,建立了海上物流配送路径规划模型,并采用群智能优化算法,进行全局与局部的同步搜索,获得海上物流配送的优化路径。

目前国内外学者对于海上路径规划研究已经取得一系列成果,但分析已有的研究工作可以发现,它们主要集中在设计或优化路径规划算法上,且主要以成本效率最大化为目标。然而,通过考虑海上潜在救援需求的不同来分析海上搜救船舶的巡航路径的研究较少。海上搜救船舶的日常巡航是海上搜救服务的重要组成部分,因而，需要提出一种基于潜在救援需求差异的海上搜救船舶巡航路径规划方法，获得海上搜救船舶的巡航路径，并对其进行可视化，这对提高船舶海上航行安全十分重要。

1.3 研究目标

本研究紧紧围绕着海上交通应急资源配置与优化关键科学问题，旨在综合利用多源地理大数据，基于空间分析技术、多属性决策方法、目标规划等方法，以南海为研究区，构建一种综合考虑危险性和脆弱性的海上事故高发区评价模型，分析南海海上事故风险空间分布特征，识别海上事故高发区域；构建一种顾及海上船舶航速的海上搜救服务能力评价模型，评价南海海上搜救的时空可达性，分析南海海上搜救服务能力；构建一种港岛协同的海上岛礁搜救基地选址模型，优化南海海上岛礁搜救基地的空间布局；构建一种潜在救援需求覆盖最大化的海上搜救船舶巡航路径规划模型，设计南海海上搜救船舶日常巡航路径，以期提升南海海上搜救效能，保障船舶海上航行安全。

1.4 技术路线

在详细介绍海上交通应急资源配置基本概念，并梳理海上应急资源配置现状的基础上，本书的主要研究内容包括海上交通风险因素分析、海上事故高发区评价、海上搜救服务能力评价、海上岛礁搜救基地选址、海上搜救船舶巡航路径规划五个部分。研究的技术路线如图1.5所示。

（1）海上交通风险因素分析。收集整理海上交通事故历史数据，深入分析2001—2020海上事故数量的时间变化趋势、事故严重程度比例分布、主要事故原因和涉事船舶类型等。在了解海上事故特征的基础上，界定海上交通危险性和脆弱性内涵，并从这两个维度出发，分析不同因素对船舶航行安全的影响，提出定量的计算方法。

（2）海上事故高发区评价。识别海上事故高发区域，有助于提高船舶海上航行安全。研究构建一种综合考虑危险性和脆弱性的海上事故高发区评价模型。首先，从危险性和脆弱性两个维度出发，建立海上事故高发区评价指标体系；其次，基于空间模糊多属性决策，构建海上事故高发区评价模型，计算海上事故风险指数，并将评价结果进一步划分为五个级别(非常低、低、中、高、非常高)，以分析南海海上事故风险的空间分布特征，识别海上事故高发区；最后，应用南海多年的海上历

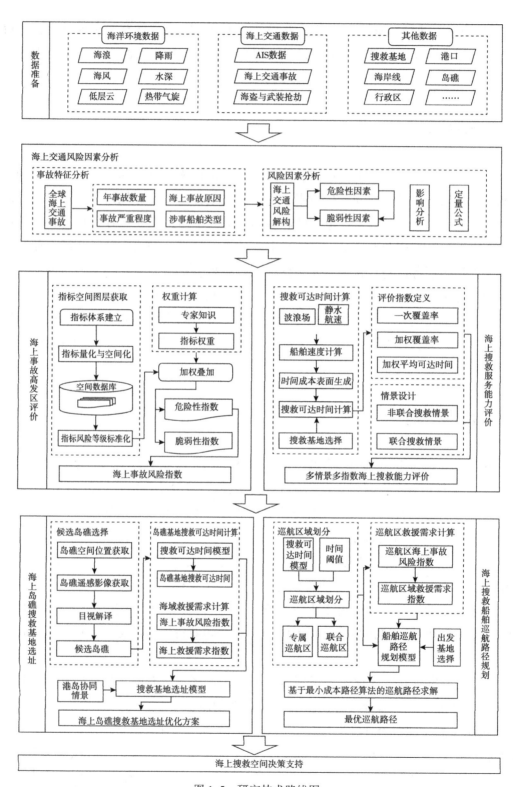

图 1.5 研究技术路线图

史事故数据来验证方法的有效性。

(3) 海上搜救服务能力评价。海上搜救服务能力的高低与海上生命财产安全直接相关。研究构建一种顾及海上船舶航速的海上搜救服务能力评价模型。首先，顾及海洋条件对船舶航速的影响，计算搜救船舶在南海海域的时空可达性；其次，在此基础上，构建三个能力评价指数，即一次覆盖率、加权覆盖率和加权平均可达时间，用于分析海上搜救服务能力；最后，评价南海周边重要国家（中国、越南、马来西亚、菲律宾）在联合与非联合搜救情景下的海上搜救服务能力，以帮助优化海上应急搜救资源配置，提高南海海上搜救能力。

(4) 海上岛礁搜救基地选址。建立海上岛礁搜救基地能极大地提升偏远海域的海上搜救服务水平。研究构建一种港岛协同的海上岛礁搜救基地选址模型。首先，利用谷歌地球提供的南海海上岛礁遥感影像，采用目视解译的方法从所有南海岛礁中选择符合预设条件的岛礁作为候选岛礁搜救基地的建设位置；然后，利用事故风险指数分析海域各个位置的潜在救援需求；最后，考虑近岸基地与海上岛礁基地相互协同，建立基于港岛协同的海上岛礁搜救基地选址模型，确定不同的海上岛礁搜救基地建设数量下的各自最佳搜救基地选址方案，并分析各方案的海上搜救能力差异。

(5) 海上搜救船舶巡航路径规划。船舶日常巡航可以提高应对海上突发事故的响应能力。研究构建一种潜在救援需求覆盖最大化的海上搜救船舶巡航路径规划模型。首先，基于救援可达时间阈值，划分各搜救基地的专属巡航区和联合巡航区；在此基础上，利用海上事故风险指数计算巡航区潜在的救援需求；然后，以巡航路径覆盖救援需求最大化为目标，建立海上搜救船舶巡航路径规划模型，采用基于最小成本路径算法的船舶巡航路径规划求解方法，确定不同航程下搜救船舶的最佳巡航路径。

1.5 主要创新点

本研究的创新点概括如下：

(1) 构建了一种综合考虑危险性和脆弱性的海上事故高发区评价模型，分析海上事故风险空间分布特征，识别海上事故高发区域。针对海上事故风险空间评价方法缺乏的现状，本研究从风险视角出发，考虑危险性和脆弱性两个维度，共选取了12个评价指标（水深、热带气旋压力、热带气旋频率、大风频率、大浪频率、海雾覆盖度、平均降雨量、海盗与武装抢劫频率、海岸距离、港口距离、岛礁距离、船舶密度），建立了评价指标体系，进而构建了南海海上事故高发区评价模型，分析海上事故风险空间分布特征，识别海上事故高发区域。研究结果经过了海上历史事故数据验证，表明了所建立模型的有效性。

（2）构建了一种顾及海上船舶航速的海上搜救服务能力评价模型，分等定级地评价海上搜救的时空可达性，分析南海海上搜救服务能力。针对如何评价海上搜救服务能力的技术难题，建立了一种顾及海上船舶航速的南海海上搜救服务能力评价模型。考虑海洋条件对船舶航行速度的影响，计算搜救船舶在南海海域的时空可达性，从时间和服务覆盖两个角度进一步构建了三个评价指数，即一次覆盖率，加权覆盖率和加权平均可达时间，分析海上搜救服务能力。该评价方法可用于分析联合与非联合搜救两种情景下的海上搜救服务能力。

（3）构建了一种港岛协同的海上岛礁搜救基地选址模型，优化海上岛礁搜救基地选址方案。针对在远海海域难以提供快速及时的海上搜救服务这一问题，考虑建立海上岛礁搜救基地来提高远海海上搜救服务能力，以成本效益为原则，通过对岛礁遥感图像进行目视解译，选择候选岛礁搜救基地，进而考虑近岸搜救基地与海上岛礁搜救基地共同提供搜救服务，设计了港岛协同情景，构建了南海海上岛礁搜救基地选址模型，优化海上岛礁搜救基地的空间布局。

（4）构建了一种潜在救援需求覆盖最大化的海上搜救船舶巡航路径规划模型，支撑海上搜救船舶的日常巡航路径安排。针对目前尚无海上搜救船舶的巡航路径规划与可视化技术，利用海上事故风险指数计算海域潜在救援需求，并以潜在救援需求覆盖最大化为目标，利用线性优化方法构建了海上搜救船舶巡航路径规划模型，用于确定日常巡航中搜救船舶的最佳巡航路径。建立的模型可以规划出发路径和回程路径，进而形成完整的船舶巡航路径，并通过设置航程参数和路径搜索区域生成不同的巡航路径，以满足实际的巡航任务需求。

1.6 组织结构

围绕研究目标和具体研究内容，本书共分为10章。整体组织结构及主要内容如下：

第1章为绪论，主要阐述本书的研究目的与意义，分析国内外研究现状与进展，提出本书的研究目标、技术路线及主要创新点，阐明组织结构。

第2章为海上交通应急资源配置基本概念，系统梳理了应急资源内涵，明确了应急资源的分类、特点及其来源，介绍了海上交通事故定义、特点和类型等，阐述了海上交通应急资源配置体系。

第3章为海上应急资源配置现状，主要回顾了我国海上应急救援体系发展过程、主要职责与组织架构，梳理了我国应急资源部署情况，介绍了发达国家海上应急救援体系，并进行了比较分析。

第4章为南海概括与数据收集，主要介绍研究区南海的自然环境、地缘政治等情况，以及描述了本研究使用的海洋环境数据、海上交通数据、海上交通事故数据等研究数据；

第5章为海上交通风险因素分析，对2001—2020年期间的全球海事事故进行了描述性统计分析，从危险性和脆弱性两个维度，分析了不同因素对船舶安全的影响及其定量计算方法。

第6章为海上事故高发区评价，建立一种综合考虑危险性和脆弱性的海上事故高发区评价模型，分析南海海上事故风险空间分布特征，进而识别海上事故高发区。

第7章为海上搜救服务能力评价，建立一种顾及海上船舶航速的海上搜救服务能力评价模型，分等定级地评价南海海上救援的时空叫达性，分析南海海上搜救服务能力。

第8章为海上岛礁搜救基地选址，建立一种港岛协同的海上岛礁搜救基地选址模型，优化南海海上岛礁搜救基地选址。

第9章为海上搜救船舶巡航路径规划，建立一种潜在救援需求覆盖最大化的海上搜救船舶巡航路径规划模型，设计海上搜救船舶的日常巡航路径。

第10章为结论与展望，阐明本书的主要结论，并对进一步的研究方向进行展望。

第 2 章 海上交通应急资源配置基本概念

有效应对海上突发事件,其核心在于合理配置海上交通应急资源。本章深入探讨海上交通应急资源配置的基本概念及关键要素,系统梳理了应急资源的基本定义,明确了应急资源的分类、特点及其来源;同时,介绍了海上交通事故的定义、特点以及主要类型;最后,阐述了海上交通应急资源配置体系,分析其构建和优化策略。

2.1 海上交通应急资源

2.1.1 应急资源的定义

海上应急资源是指用于监测预警、应急处置和善后恢复的关键资源,为保障海上突发事件应急管理和救援行动提供物质支持。这些资源可以进一步从广义和狭义两个维度理解。

广义的海上应急资源涵盖人力、物资、财政支持、交通运输、医疗卫生和通信等多方面资源。它们的合理组织和调配,能有效地降低人员伤亡、财产损失及海洋环境污染的风险。

(1)救援设备:包括救生艇、救生衣、潜水设备、消防设备、医疗设备等。这些设备在紧急情况下用于救援受困人员、灭火、提供紧急医疗救助等。

(2)专业人员:包括海上救援队、医疗队、志愿者、指挥和协调人员等。专业人员在突发事件发生时,能够迅速组织和实施救援行动,保障救援工作的高效进行。

(3)资金:包括应急管理需要充足的资金支持,用于购买救援设备、支付救援人员报酬、开展应急演练等。资金的充足与否直接影响应急资源的获取和调配。

(4)信息系统:包括应急管理信息系统、气象和海洋预报系统、地理信息系统、应急指挥系统等。信息系统在应对海上突发事件时,可以提供实时的数据信息支持,辅助决策和指挥。

此外，应急资源的定义不仅仅局限于物质层面，还包括知识、技能和经验等无形资源。这些无形资源在应急管理中同样起着重要作用。例如，救援人员的专业技能和丰富经验，可以大大提高救援行动的效率和效果。

狭义的海上应急资源专指救援行动核心所需的物资和装备，包括防护和生命救援装备、医疗急救物资、信息通信设备、交通运输工具、溢油清污设备及其他专业工具。这些资源在应急时刻起关键作用，支持救援行动的实施和有效应对各类突发情况。有效的资源管理能够提升海上应急救援响应能力，最大限度地减少损失，并确保快速有效的救援行动。本书中的海上交通应急资源指的是狭义的应急资源。

2.1.2 海上交通应急资源的特殊性

海上交通应急资源配置面临着与陆地不同的特殊挑战，主要体现在以下几个方面：

1. 海域范围广

海上交通覆盖的海域范围非常广阔，突发事件可能发生在距离岸边非常远的区域。在此背景下，要求海上交通应急资源具有良好的机动性，能够迅速到达事发地点。

2. 环境复杂

海上环境复杂多变，风浪、洋流、气象等自然因素对应急资源的调配和使用有很大影响。例如，强风浪可能影响救援船舶的行驶，恶劣天气可能干扰通信设备的正常使用。

3. 通信条件有限

与陆地条件相比，海上交通的通信条件相对有限，尤其是在远离陆地的公海区域，通信信号覆盖范围非常有限。因此，要求海上交通应急资源需配备高效可靠的通信设备，如卫星电话等，确保在突发事件发生时能够保持畅通的通信联络。

4. 资源获取困难

海上交通应急资源的获取和调配难度较大。首先，海上救援设备和物资的储备和维护需要特殊的条件和高昂的成本。其次，专业救援人员的培训和管理也需要耗费大量的人力和物力。最后，在突发事件发生时，如何迅速有效地获取和调配资源，是一个复杂的系统工程。

5. 协同救援要求高

海上交通应急救援通常需要多个部门和机构的协同配合，包括海事部门、交通运输部门、消防部门、医疗部门等。各部门之间的协同救援要求较高，需要建立健全的协同救援机制，确保在海域发生突发事件发生时能够快速响应、协同作战。

2.1.3 应急资源分类

依据不同的分类标准，海上交通应急资源可以划分为不同类型（张文芬，2016），具体如下：

1. 依据功能分类

防护和生命救助资源：如防护服、潜水装备、救生圈、救生衣等，主要保障人员在海上突发事件中的安全和生命。

医疗急救资源：如药品、急救设备、医疗器械和移动医疗设施，用于在事故现场提供急救和医疗服务。

信息保障资源：如卫星通信设备、移动通信工具和视频监控系统，主要在救援行动中提供信息传递和协调管理。

交通运输工具：如船舶、直升飞机等，用于快速运送救援人员和物资到达事故现场，并撤离遇险人员。

溢油清污资源：如吸油设备、防污栏、环境清洁剂等，用于处理海上溢油事故和保护海洋环境。

应急专业器具：如危化品堵漏器具和破拆工具，用于特定危险场景下的应急处理和救援工作。

2. 依据紧急程度分类

特别紧急类资源（一级）：用于直接控制事态发展和人命财产紧急抢救的资源，时间敏感性非常高，例如急救设备和紧急通信工具。

紧急类资源（二级）：用于识别和消除危险源，减少损失扩大的资源，例如防护装备和急救药品。

一般紧急类资源（三级）：用于事后恢复、清洁和环境保护的资源，例如清污设备和环境修复工具。

3. 依据使用范围和消耗速率分类

通用型资源：适用于各种类型的海上突发事件，如搜救船舶、动力燃料、消毒剂、照明设备、应急药物、粮食和饮水等。

专用型资源：主要用于特定类型的海上突发事件，具有较强的针对性和专业性，如消防栓、消油剂、船体切割和焊接设备等。

4. 依据应急资源的自然属性分类

可循环使用资源：可重复利用的应急设备、装置、交通和通信工具，购置成本较高，需定期维护保养，如搜救船舶、直升机和固定翼飞机。

一次性资源：一次使用即不可回收或重复利用的资源，购置成本较低，采购频率较高，如吸油毡、消油剂。

2.1.4 应急资源特点

海上应急资源区别于其他资源的重要特点是具有时效性、先进性、适应性、整合性及国际合作等特点。

1. 时效性

应急资源的一个关键特性是其对时间的极度依赖。海上紧急情况往往需要快速的响应，资源的及时到达对救援成效和损失的遏制至关重要。迅速的资源配置和应用能够有效遏制危机，确保人员和财产的安全。例如，根据《国家水上交通安全监管和救助系统布局规划》，在沿海100海里以内的海域，应急救援力量应在90分钟之内抵达指定地点。

2. 先进性

海上交通应急资源要求具备高度的先进性，通常融合了最先进的设备，例如全球定位系统（GPS），以实现精确的位置追踪、实时监控和直观的操作。这些先进技术提升了应急资源的响应速度和精确度，确保在紧急情况下能够快速启动救援措施。此外，现代应急资源还包括高效的通信设备，例如海事卫星电话，这保证了救援团队能够及时接收和传递关键信息。

3. 适应性

海上环境多变，要求资源配置能够在不断变化的海洋环境中保持高度的灵活性和有效性，能够根据不同的救援需求调整策略和方法，如使用多功能设备和模块化技术来应对多样化的挑战。此外，适应性还意味着应急团队具备在多变条件下进行有效沟通、决策和操作的能力。

4. 整合性

应急资源管理的成功不仅依赖于单个资源的高效运行，更依赖于不同资源之间的整合与协作。整合性意味着应急资源能够在统一的指挥和控制架构下协同作业，确保各类资源能够相互协调，互为支撑。例如，应急指挥系统能够将人力资源、物资资源和信息资源进行整合，通过统一的指挥链条和协作机制，实现资源的最优分配和高效利用。

5. 国际合作

海上交通事故往往具有跨国性，需要国际的协作与支持。国际合作在应急资源管理中扮演着越来越重要的角色。国际合作可以共享先进的应急技术和设备，通过联合演习和培训提高整体应急救援能力。此外，国际组织和多边机制可以提供技术援助和资源支持，促进全球范围内的应急管理合作。例如，国际海事组织和联合国环境规划署在应急资源管理和环境保护方面提供了重要支持和指导。

2.1.5 应急资料来源

应急资料来源多样，涵盖了政府部门、企事业单位、社会组织以及国际援助等多个渠道。以下是这些应急资料来源的详细分类：

1. 政府部门

政府部门是应急资料的重要来源，通过预算拨款、资源调配和制定应急预案，能提供主要的应急物资和人力支持。这些部门通常拥有完善的应急管理体系和储备库，能够在突发事件发生时迅速响应并调配资源。具体包括：

1）海事主管部门

如中国的交通运输部海事局和美国的海岸警卫队，这些机构统一管理水上交通安全和防治船舶污染，确保在突发事件发生时能够迅速响应。

2）应急管理部门

如美国的联邦紧急事务管理署，这些机构负责总体协调和指挥，提供紧急通信设备、医疗急救物资和后勤支持。他们还负责组织应急演练和培训，提高救援人员的应急能力。

3）地方政府

地方政府在海上突发事件应急管理中也扮演着重要角色,通过地方应急管理办公室,协调当地资源,提供必要的支持和后勤保障。

2. 企事业单位

企事业单位在应急资源提供中也发挥着重要作用,特别是在其业务领域内的专业资源。通过履行社会责任,这些单位可以通过捐赠和支援的方式提供财力和物资。具体包括：

1）航运公司

大型航运公司如马士基集团,拥有应急响应团队和设备,如救生艇、救生衣、溢油回收设备等,在突发事件中能够迅速提供支持。这些公司通常还会与政府和其他企业合作,共同应对大型海上突发事件。

2）石油公司

大型石油公司如中海油,这些公司在海上石油开采过程中积累了丰富的应急管理经验,能够提供专业的溢油清理设备和技术支持。它们还通过捐赠和资助的方式,支持应急管理研究和培训项目。

3）通信公司

这些公司能够提供应急通信设备和技术支持,如卫星电话、移动通信基站等,确保在应急救援过程中通信畅通。

4）制造企业

生产应急设备的企业,如生产救生设备、潜水装备、医疗急救设备的企业,能够在紧急情况下迅速提供必要的物资支持。

上述企事业单位通过与政府和社会组织的合作,共同构建了一个综合的应急资源网络,提高了整体应急救援水平。

3. 社会组织

社会组织,包括志愿者团体和非政府组织,在应急救援中提供了大量的人力和专业援助。具体包括：

1）志愿者团体

国际或当地志愿组织,能够迅速动员地方居民和社会力量参与救援行动,提供现场救援、医疗急救、心理支持等服务。志愿者团体的快速响应和灵活调配能力,使其在应急救援中发挥了重要作用。

2）专业救援组织

如医生无国界(Doctors Without Borders),这些组织具备专业的救援人员、知识和设备,能够在突发事件发生后迅速提供医疗救援、后勤支持和资源分发等服务。

3) 社区组织

地方性社区组织和基层社会团体,能够在突发事件发生时,利用其熟悉本地情况的优势,提供及时和有效的应急响应和支持。

4) 行业协会和学术机构

如航运协会、环境保护组织和应急管理研究机构,能够提供专业的咨询、技术支持和培训,从而提高整体应急管理水平。

社会组织通过与政府和企事业单位的合作,构建了一个多层次、多元化的应急资源网络,极大地提高了应急响应和救援的效率。

4. 国际援助

国际合作和援助机制在大型海上突发事件中至关重要,能够提供跨国界的资源支持和技术援助。具体包括:

1) 国际海事组织

国际海事组织(International Maritime Organization,IMO)是联合国负责海事事务的专门机构,通过制定国际公约和标准,促进各国在海上安全和环境保护方面的合作。此外,IMO还提供技术支持和科技报告等,帮助各国提高应急管理能力。

2) 联合国环境规划署

联合国环境规划署(United Nations Environment Programme,UNEP)在海洋污染和环境保护方面提供援助,通过项目合作、技术支持和资源共享等方式,帮助各国应对海上突发环境事件。

3) 跨国救援协议

许多国家通过签订双边或多边救援协议,共享应急资源和技术。例如,《国际海上人命安全公约》(*International Convention for Safety of Life at Sea*)和《国际油污损害赔偿基金公约》(*International Oil Pollution Compensation Fund*)等国际公约,为国际合作提供了法律和制度保障。

4) 国际援助组织

如国际海上人命救助联盟(International Maritime Rescue Federation,IMRF)等,在遇到重大海难事故时,能够协调附近国家力量,予以快速反应和支持,确保世界海域上的有效救助。

5) 跨国公司和非政府组织

许多跨国公司和非政府组织在全球范围内开展应急救援工作,通过捐赠、技术支持和项目合作，帮助受灾国家和地区应对海上突发事件。

通过国际合作，各国能够共享先进的应急技术和设备，并通过联合演习和培训，实现提高整体应急救援能力的目的。此外，国际组织和多边机制可以提供技术援助和资源支持，促进全球范围内的应急管理合作。

2.2 海上交通事故

2.2.1 海上交通事故的基本概念

目前，航运业对"海上交通事故"一词没有普遍认可和接受的权威定义。常见的表述还有海事、海上船舶事故、水上交通事故、船舶交通事故、海上事故或海难事故等，通常认为这几个词并无实质性的差别。中国、国际海事组织、英国、美国、日本等国家或组织的海事主管机关均对海上交通事故或类似概念进行了定义（王焕新，2023）。

综合以上定义并根据本书的研究目的和研究范围，本研究中对海上交通事故的定义为：由于各种因素如人为失误、设备故障、恶劣天气等引起，在海上交通活动中突发的意外事件，并且可能导致船舶损坏、人员伤亡、环境污染等严重后果的活动。

2.2.2 海上交通事故特点

深入了解海上交通事故的特点，对于开展有效的海上应急管理和事故应对至关重要。海上交通事故具有以下特点。

1. 突发性

海上交通事故的突发性是指在没有预警的情况下突然发生，并迅速扩大影响范围。例如，船舶碰撞或火灾往往在短时间内造成严重后果，需要紧急的应急响应和迅速的处置措施。这种突发性不仅要求救援人员能够迅速抵达现场，还需要应对可能的人员伤亡和环境被破坏的风险。

2. 复杂性

海上环境的复杂性主要体现在多变的海洋气象、潮汐和海流等因素对事故处理的影响上。恶劣的天气条件和复杂的海况使得救援行动更加困难和危险。例如，在强风大浪的情况下,船舶的稳定性受到严重挑战,救援船舶和人员的安全也面临着极大的考验。

3. 高危性

海上交通事故可能涉及大量的燃油和化学品,一旦发生泄漏或爆炸,可能导致严重的环境污染和生态破坏。同时,事故中的船舶损毁和人员伤亡风险也较高,需要及时有效的应急措施来最小化损失。例如,石油泄漏可能对海洋自然生态系统造成长期不可逆转的影响,需要专业团队进行紧急处置和环境保护工作。

4. 难度大

海上救援行动面临诸多挑战,包括时间紧迫、通信不畅、资源调配困难等问题。救援人员必须具备较强的专业技能和应变能力,以应对事故现场可能出现的复杂情况。例如,在远离陆地的海域进行救援操作时,通信设备的信号覆盖和物资的运输都会面临极大的困难,需要综合考虑多种因素来确保救援行动的成功和安全。

5. 不确定性

海上交通事故的发生受到海洋环境和地域特殊性的影响,其发生具有一定的不确定性。这增加了应急响应的复杂性和挑战性。例如,不同海域的环境条件和航道利用情况可能导致事故类型和频率的差异,需要有针对性地制定和实施应急预案。

6. 救援艰难性

由于海上事故通常发生在远离陆地的区域,救援条件通常复杂且艰苦。海洋环境的复杂性和资源调度的限制导致救援行动的效率和成功率受到较大挑战。例如,救援人员需要面对远程交通和恶劣天气条件下的工作环境,必须依靠专业的技能和设备来应对复杂多变的救援任务。

2.2.3 海上交通事故类型

国际海事组织和交通运输部对海上交通事故的分类标准略有不同。国际海事组织将海上交通事故主要分为11类,具体包括:

(1)碰撞:船舶与其他船舶发生撞击,无论是在航行中、锚泊还是系泊状态。

(2)搁浅:船舶在浅水区域搁浅或触碰海岸、海底或水下物体(如沉船残骸等)。

(3)触碰:船舶与不属于以上两种定义中的任何固定物或漂浮物发生撞击。

(4)火灾和爆炸。

(5)船体故障或水密门、舷门故障:由非前四种事故原因导致的船体、水密门或舷门等的故障。

(6)机械损坏:由非前五种事故原因造成的机械故障、需要拖船或岸上协助的机械故障。

(7)船舶或设备损坏:由非前六种事故原因导致的船舶或设备损坏。

(8)倾斜或倾覆:由于非前七种事故原因导致的船舶倾斜或倾覆。

(9)失踪:推定灭失。

(10)救生设备事故:与救生设备相关的事故。

(11)其他事故:不属于上述十种情况的其他所有事故。

我国《水上交通事故统计办法(2021年)》也对水上交通事故进行了分类,规定如下:

(1)碰撞事故:涉及两艘或以上船舶相互撞击,导致损害的事件。

(2)搁浅事故:船舶搁置在浅滩上,造成航行中断或船体受损的事件。

(3)触礁事故:船舶触碰礁石,或者搁置在礁石上,造成损害的事件。

(4)触碰事故:船舶与岸壁、码头、航标、桥墩、浮动设施、钻井平台等水上水下建筑物,或沉船、沉物、木桩、鱼栅等碍航物发生触碰并造成损害的事件。

(5)浪损事故:船舶由于其他船舶兴波冲击造成损害的事件。

(6)火灾、爆炸事故:船舶因自然或者人为因素致使船舶失火或者爆炸造成损害的事件。

(7)风灾事故:船舶遭受较强风暴袭击造成损害的事件。

(8)自沉事故:船舶因超载、积载或装载不当、操作失误、船体进水等原因或不明原因造成船舶沉没、倾覆、全损的事件,但其他事故造成的船舶沉没除外。

(9)操作性污染事故:除船舶因发生碰撞、搁浅、触礁、触碰、浪损、火灾、爆炸、风灾及自沉事故而造成的海域环境污染事件。

(10)其他引起人员伤亡、直接经济损失或者水域环境污染的水上交通事故:影响适航性能的机件或者重要属具的损坏或者灭失,以及船上人员工伤、意外落水等事件。

对上述海上交通事故的分类进行比较后可以发现,虽然分类的基础原则相似,但在具体的分类项目上存在差异。我国的水上交通事故分类包括一些国际海事组织未明确列出的事故类型,例如触礁、风灾、自沉和操作性污染事故。与此同时,国际海事组织的分类体系中涵盖了一些在中国分类中未单独列出的事故类型,如船体或水密门、舷门的故障,机械故障,船舶或设备损坏,船舶倾斜或倾覆,失踪事件以及与救生设备相关的事故。

根据事故造成的人员伤亡、经济损失和环境污染等情况的严重程度,海上交通事故被划分为不同的等级。交通运输部将海上交通事故分为特别重大事故、重大事故、较大事故和一般事故,具体如下:

(1)特别重大事故:造成30人以上死亡(含失踪)的,或者100人以上重伤的,或者1亿元以上直接经济损失的事故;船舶溢油1000吨以上致水域环境污染的,或者在海上造成2亿以上直接经济损失的事故。

(2)重大事故:造成10人以上30人以下死亡(含失踪)的,或者50人以上100人以下重伤的,或者5000万元以上1亿元以下直接经济损失的事故;船舶溢油500吨以上1000吨以下致水域环境污染的,或者在海上造成1亿元以上2亿元以下直接经济损失的事故。

(3)较大事故:造成3人以上10人以下死亡(含失踪)的,或者10人以上50人以下重伤的,或者1000万元以上5000万元以下直接经济损失的事故;船舶溢油100吨以上500吨以下致水域环境污染的,或者在海上造成5000万元以上1亿元以下直接经济损失的事故。

(4)一般事故:造成1人以上3人以下死亡(含失踪)的,或者1人以上10人以下重伤的,或者1000万元以下直接经济损失的事故;船舶溢油100吨以下致水域环境污染的,或者在海上造成5000万元以下直接经济损失的事故。

相对应地,国际海事组织则将海上交通事故按严重性分为非常严重事故、严重事故、较严重事故和海上事件(兰赫,2024),具体如下:

(1)非常严重事故:导致船舶全损、人员死亡、严重环境污染的事故。

(2)严重事故:造成主机、船体大面积损坏、严重结构损坏,导致船舶不适合行驶,或发生污染,或需要拖航或岸上协助的事故。

(3)较严重事故:不属于非常严重或严重等级的船舶损伤。

(4)海上事件:包括与海上船舶航行直接相关的危险事故和未遂事故,这些事故如果不加以纠正,将危及船舶、乘客或任何其他人或海洋环境的安全。

根据事故中人员受到伤害的严重程度不同,海上船舶事故人员伤亡被划分为不同的等级。中国、国际海事组织、英国等不同国家/组织对事故伤亡严重程度均进行了划分(王焕新,2023),如表2-1所示。

表2-1 海上船舶事故伤亡严重程度划分

国家/组织	定义
中国	(1)重伤：导致人肢体残废、毁人容貌、丧失听觉、丧失视觉、丧失其他器官功能或者其他对于人身健康有重大伤害的损伤，包括重伤一级和重伤二级。 (2)轻伤：导致人肢体或者容貌损害，听觉、视觉或者其他器官功能部分障碍或者其他对于人身健康有中度伤害的损伤，包括轻伤一级和轻伤二级。 (3)轻微伤：各种致伤因素导致的原发性损伤，使组织器官结构轻微损害或者轻微功能障碍
国际海事组织	(1)死亡。 (2)严重伤害：人身自受伤之日起7日内不能正常工作72 h以上，导致丧失行为能力的伤害。 (3)不属于以上两种的人身伤害。
英国	(1)生命丧失。 (2)丧失工作能力：人的身体状况受到损害造成不能承担通常承担的全部职责。 (3)严重损伤：颅骨、脊柱或骨盆骨折；除手腕或手以及脚踝或脚以外手臂或腿部骨折；手或脚截肢；一只眼睛丧失视力；或对人体造成的任何其他损伤并致受伤人员卧床或住院超过24h。 (4)人身伤害：不属于以上类别的人身伤害。
美国	(1)生命损失。 (2)造成伤残72 h以上的伤害。 (3)需要住院24 h以上的伤害

2.2.4 事故演化过程及应急响应

海上交通事故的演化过程涉及多个阶段，每个阶段都需要精确的应急响应和管理措施，以最大限度地减少损失和降低风险。

1. 初始发生阶段

海上交通事故在初始阶段往往情况混乱，需要快速有效的应对措施来控制局势的恶化。

(1)启动应急预案：立即向相关部门报告事故，并启动预先准备的应急响应机制。

(2)组织救援行动：迅速调度救援力量和必要的设备，展开初步救援和事态控制，确保事故不会进一步扩大。

(3)确保人员安全：优先保障船员和受困人员的生命安全，进行必要的疏散和救援。

2. 扩展蔓延阶段

如果事故在初始阶段未能得到有效控制，可能会进一步扩大和加剧，需要更加紧急和有效的应对措施。

(1)增援救援力量：加强事故现场救援力量和资源调度，扩大救援范围和覆盖面。

(2)控制事故扩展：采取有效措施防止火灾、物质泄漏等事故范围进一步扩展，限制事态的恶化。

(3)优化资源配置：强化现场指挥和协调，调整和优化救援策略，确保救援行动的高效性和安全性。

3. 事故控制阶段

事故处理的关键时期，需要各方协同作战，迅速有效地应对事故，最大限度地减少损失和风险。

(1)全面展开救援行动：包括救援和物资供应等全面救援行动，确保事故得到有效控制。

(2)强化现场指挥：加强现场决策支持和指挥调度，及时调整救援策略应对变化的情况。

(3)保障救援人员安全：确保救援人员的安全和资源的有效利用，支持现场救援行动的顺利进行。

4. 恢复重建阶段

事故得到控制后，进入恢复重建阶段，重点是修复损毁设施和环境，恢复正常的生产生活秩序，减少事故带来的长期影响。

(1)清理事故现场：进行海上交通事故现场的清理和废物处理，确保环境恢复和安全。

(2)修复和重建设施：对事故涉及的受损设施进行修复和重建，恢复生产和生活秩序。

(3)事故总结与改进：进行事故影响评估和总结，吸取教训，完善应急预案和管理机制。

(4)强化监测和防范：加强事故后的监测和防范措施，提升应急管理水平和能力,预防类似事故再次发生。

2.3 海上应急资源配置体系

2.3.1 组成结构

1. 应急资源配置主体

(1)事故区域:发生海上事故的具体位置和影响范围,需要根据事故性质和规模确定资源需求。

(2)储备基地:设在战略位置,用于集中储存和管理各类应急资源,以实现应急资源快速调配和响应。

(3)供应点:实际资源的交付和使用地点,必须有效连接储备基地和事故区域,确保资源迅速到位。

2. 应急资源配置过程

(1)事故区域应急资源需求分析:通过模拟仿真、历史数据分析等手段,评估不同类型海上交通事故的资源需求量和种类。

(2)储备基地应急资源配置:根据需求量和类型,制订资源采购计划,建立资源库存,并定期检查和维护,确保资源的可用性和品质。

(3)储备基地应急资源配置水平控制:动态调整资源库存,根据实际情况和需求变化,补充和更新应急资源,以应对复杂多变的海上环境和事件。

3. 应急资源配置阶段划分

(1)准备阶段:包括事前规划、资源准备和培训等工作,确保储备基地和供应点的正常运作和资源准备充足。

(2)响应阶段:实际应急响应的执行阶段,迅速调动和分配资源,以最大限度地减少事故对生命、财产和环境的损害。

(3)补充阶段:针对响应过程中的资源消耗和未预见的需求变化进行的补充和调整,确保持续有效的应急资源支持。

4. 应急资源配置基本要求

符合国家相关文件和政策的规定,包括资源配置的法律法规、管理制度和操作程序，确保应急响应的科学性、规范性和可操作性。强调信息化手段在资源调度和管理中的应用，通过现代技术手段实时监控和管理应急资源，提高响应效率和精准度。

这些组成部分共同构成了海上交通事故应急资源配置体系的完整框架，为应对海上突发事件提供了系统化、科学化的应急资源保障机制。

2.3.2 基本原则

应急资源配置应遵循以下几个基本原则，确保在海上交通事故发生时能够迅速反应、高效利用资源。

1. 及时性

应急资源配置的首要原则是及时性。海上事故具有突发性和紧急性的特点，要求应急资源能够在最短时间内到达事发现场，迅速开展救援行动。为此，需要建立健全的应急预案和快速响应机制，确保在事故发生时，能够迅速启动应急预案，及时调配应急资源。

2. 有效性

应急资源配置的有效性体现在资源的合理、高效利用上。应急资源有限，如何在海上事故救援中最大限度地发挥应急救助资源的作用，是应急管理的关键。为此，需要科学地评估海上事故的性质和规模，合理分配应急资源，避免资源的浪费和过度调配。同时，应急资源配置还应注重效果评价，通过总结和分析应急响应的经验和教训，不断优化资源配置策略，提高应急资源的使用效率。

3. 灵活性

海上事故的性质和发展过程往往难以预料，应急资源配置需要具备灵活性，能够根据事故的发展变化，及时调整资源配置方案。因而，需要建立灵活的应急资源调配机制，确保在事故发生时，能够根据实际情况灵活调配应急资源，满足不同阶段和不同类型突发事件的需求。

4. 经济性

应急资源的获取和调配需要耗费大量的经济成本，应急资源配置的经济性原则要求在保障救援效果的前提下，尽量减少不必要的资源消耗和经济投入。应当科学制订应急资源配置计划，合理控制应急资源的储备量，优化资源获取和调配的成本结构，确保应急资源的高效利用和经济可行性。

5. 协同性

应急资源配置是一项复杂的系统工程，需要多个相关部门和机构的协同配合。协同性原则要求建立健全的应急管理协同机制，确保在突发事件发生时，各部门和机构能够密切合作、相互支持、资源共享。加强各部门和机构之间的沟通和协调，建立统一的指挥和调度系统，确保应急资源配置的高效协同和统一指挥。

6. 预防性

应急资源配置不仅仅局限于事故发生后的应急响应，还应注重突发事件的预防。预防性原则要求建立健全的应急资源储备和管理制度，定期开展应急演练和培训，提升应急资源的储备水平和应急能力。同时，还应加强对突发事件的风险评估和监测预警，提前做好应急资源的准备和调配工作，降低事故的发生概率和影响程度。

2.3.3 关键要素

1. 资源需求评估

海上交通事件的种类多样，每种事件对应的资源需求也不同。通过灾害模拟和历史数据分析，评估不同类型突发事件可能引发的影响及其对应的应急资源需求，包括物资资源、人力资源、技术资源和信息资源等方面的综合评估，以便有效应对突发事件。

2. 资源获取与分配

制订资源获取计划是保障应急响应能力的重要步骤。资源获取途径主要包括政府采购、社会捐助和国际援助等渠道。根据需求评估结果，科学地分配资源到各个关键地点和单位，确保资源能够最大限度地发挥作用。

3. 资源储备与维护

建立完善的应急资源储备体系是保障海上突发事件应急处置能力的基础。包括定期检查和维护应急资源库存，确保各类资源在紧急情况下的可用性和完整性。特别是对于易损耗、易过期的物资，要做好更新和替换工作，保证资源的持续有效性。

4. 资源调度与动员

有效的资源调度和动员机制是保障应急响应效率的关键。通过信息化手段，实时监控各类资源的库存和状态，建立响应机制和调度预案，确保资源能够快速、精准地调配到各应急现场。同时，培训和演练资源调度团队，提高应急响应的协同能力和应对能力。

2.3.4 影响因素

海上交通应急资源配置的影响因素主要包括自然环境、技术条件、法律法规和经济成本。

1. 自然环境

（1）海上气象条件：不同季节和地区的海上气象条件对应急资源的需求和使用方式产生重要影响。例如，恶劣天气可能限制救援船只和飞机的操作，需要考虑在恶劣天气条件下的备用方案和资源配置策略。

（2）地理环境：海域的地理特征如海流、浅滩、礁石等，对救援船只和装备的适应性和操作性提出了特殊要求，需要根据地理环境特点进行资源配置和应急响应方案的制定。

2. 技术条件

（1）应急通信技术：先进的卫星通信系统，对于海上交通事故中的信息传输和指挥调度至关重要。高效的通信技术可以加快应急救援响应速度和应急资源调配效率。

（2）导航和监测技术：先进的船舶导航系统、雷达监测技术和无人机监视系统，能够提供海上事故现场的实时监测和定位信息，支持资源的准确调配和救援行动的精准执行。

3. 法律法规

不同国家和地区对于海上事故应急响应的法律要求和规定不同，涉及救援权责、国际合作机制和资源调配的法律框架。合规性的考量是资源配置和行动执行的重要依据。

4. 经济成本

资源获取和储备成本：高效的海上应急资源配置需要投入大量的经济资源，包括救援设备的采购、储备基地的建设和维护、人员培训及运输成本等。经济成本因素直接影响到应急资源的可持续性和应急响应能力的强度和时效性。

上述因素共同作用,决定了海上交通应急资源配置的策略、效率和成效。在应对海上突发事件时,综合考虑各方面因素,可以优化资源配置方案,提升应急响应的效能和效果,最大限度地减少事故带来的损失。

2.3.5 应急资源配置优化

应急资源配置优化涉及多方面的考量和策略,特别是在面对海上突发事件这样具有高度不确定性和复杂性的场景时,优化配置显得尤为关键和复杂。

1. 阶段划分

应急资源配置根据时间分为事前配置和事后配置两大类。事前配置侧重于预见性和预防性,包括选址、储备、调度等;而事后配置则强调快速响应和补偿措施,以应对未曾预料的突发事件需求。

2. 长期规划

针对海上环境复杂、气候多变的特点,长期规划是保障海上应急响应的基础。预先确定储备基地的位置和配置水平是必要的,以确保应急资源的实时可用性和适应性。

3. 静态与动态配置的控制

静态的应急资源配置指的是储备基地内固定的资源库存和配置结构,包括物资、设备和人员。动态的应急资源配置则强调随机应变和灵活调配,特别是面对突发事件需求剧增或变化的情况下,通过即时补给和紧急调度,迅速满足实际需求。

4. 信息化支持和决策

利用信息技术和数据平台支持应急资源配置的实时监控和决策,是提高响应效率和资源利用率的重要手段。通过地理信息系统、海洋气象环境系统、应急指挥系统等技术,实现资源的精确定位和迅速调度,有效应对海上突发事件的复杂情况。

5. 持续优化和评估

应急资源配置的优化是一个持续改进的过程。通过定期评估和演练,分析应急响应的效果和存在的问题,及时调整和优化配置策略,以适应不断变化的海上环境和应急需求。

综上所述,海上交通应急资源配置的优化内涵在于通过科学的时间分析、任务分解,结合长期规划和灵活动态调整,利用信息化技术支持,持续优化和改进应急资源的选址、储备、调度和补偿策略,以提高应急响应能力和效率,最大限度地保障海上交通事故应对的措施成功性和安全性。

2.4　本章小结

本章系统梳理了海上交通应急资源配置的基本概念和体系结构。

首先,通过定义应急资源,阐述了其在海上交通中的特殊性,明确了应急资源的分类、特点及其来源。这些基础知识为理解和研究海上应急资源配置提供了重要的理论基础。

其次,本章分析了海上交通事故的特征,揭示了这些突发事件的复杂性和多样性,为应急资源配置提供了具体的需求背景。在此基础上,我们深入探讨了海上应急资源配置体系的构成、关键要素和影响因素,详细说明了应急资源配置的具体过程和方法。

最后,本章介绍了应急资源配置优化的内涵,旨在通过科学合理的资源配置,提高海上应急响应的效率和效果,最大限度地减少海上交通事故造成的损失。

第3章 海上应急资源配置现状

近年来,我国在海上应急救援方面取得了显著成就。通过不断优化和升级,我国的救捞系统已经配备了国内最先进的海上救援装备,掌握了领先的救援技术和方法。在海上人命救助、环境保护、财产救援以及应急抢险打捞等任务中,我国救捞系统表现出了良好的效率和专业性,有效地保障了海上交通运输的安全,维护了国家利益和人民的生命财产安全。

3.1 我国海上应急救援体系

3.1.1 发展过程

我国海上搜救工作主要由国务院相关部委、军队有关部门组成的国家海上搜救部际联席会议负责协调,中国海上搜救中心是海上搜救部际联席会议的办事机构。交通运输部的救助与打捞系统是新中国成立后,承担我国海洋救助工作的主体。其沿革可概括为新中国成立初期的建立阶段、20 世纪中后半叶的加快建设阶段及 21 世纪初期的飞速发展阶段(田辉,2018)。

1. 建立阶段

1951 年,经中华人民共和国政务院批准,交通部在上海成立了中国人民打捞公司,标志着我国专业救捞队伍的诞生。中国人民打捞公司在恢复全国主要港口通航、恢复国民经济和促进新中国水运业发展方面发挥了积极作用。1958 年,中国人民打捞公司更名为上海打捞工程局,承担国家公益性救助打捞职责,并代表中国政府履行国际海上救援义务。1963 年,经国务院批准,上海打捞工程局更名为上海海难救助打捞局,在天津、烟台、上海和温州新设立了 4 个救助站,并从全国范围内招收潜水学员,形成了我国沿海救捞体系的雏形。

2. 加快建设阶段

1974 年，国家计划委员会批复同意在广州、烟台新设立两个海难救助打捞局并增设一批救助站点。1978 年，交通部海难救助打捞局成立，下设烟台、上海和广州 3 个分局，专业救捞指挥体系和沿海救助网络基本形成。自 1981 年起，交通部提出了"保证救助、广开门路、多种经营"的救捞工作方针。1982 年，交通部海难救助打捞局改为中国海难救助打捞总公司。1987 年，经国务院批准，撤销中国海难救助打捞总公司，恢复救助打捞局，并更名为交通部海上救助打捞局。

3. 飞速发展阶段

2003 年 3 月，国务院批准进行救捞体制改革，将原烟台、上海、广州海上救助打捞局直接用于海上救助值班和人命救生的资产和人员划分出来，分别组建了北海、东海和南海 3 个救助局，下设 21 个救助基地，主要承担海上人命救助任务。原救助打捞局分别更名为烟台打捞局、上海打捞局、广州打捞局，主要承担海上环境救助、财产救助、沉船沉物打捞、港口及航道清障等抢险救灾职责。

通过三个阶段的发展和改革，我国的海上应急救援体系逐步完善，救援能力显著提升，能够有效应对各类海上突发事件，保障海上航运安全和人民生命财产安全。

3.1.2 组织架构

国家海上搜救部际联席会议承担我国海洋救助的应急领导指挥职能，国家海上搜救部际联席会议的日常办事机构——中国海上搜救中心，负责我国海洋救助的实际运行管理工作。我国海上搜救应急组织指挥体系如图 3.1 所示。

3.1.3 主要职责

中国海上应急救助和打捞系统的主要职责可概括为"三救一捞"。首先是人们的生命救助，负责在海上对遇险人员进行救助工作，保障人的生命安全。其次是环境救助，应对海上环境污染事故，进行环境保护和救援，防止和减少海洋污染。再次是财产救助，对海上财产进行救助，防止损失扩大，维护国家和个人财产安全。最后是应急抢险打捞，进行应急抢险和打捞作业，清除航道障碍，确保航运安全。

此外，中国海上应急救助和打捞系统还负责代表国家履行相关国际公约和双

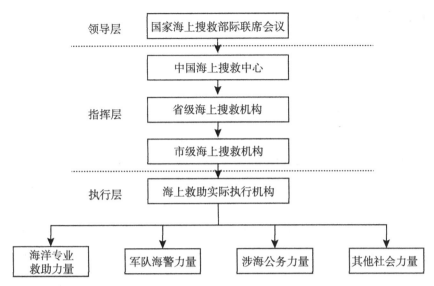

图 3.1 我国海上搜救应急组织指挥体系(钱竞舟,2020)

边、多边海运协定的义务。根据国家有关法律法规和中央政策,该系统负责救助打捞行业的管理,拟定相关标准和规范,并进行监督实施,确保救助打捞工作的规范化和高效运作。

3.1.4 系统组成

中国海上应急救助和打捞系统包括一个救捞局、三个救助局、三个打捞局以及五个救助飞行队。救捞局作为领导和管理机构,负责统筹和协调全国海上救助和打捞工作。三个救助局分别是北海救助局、东海救助局和南海救助局,负责各自辖区内的海上救助任务。三个打捞局分别是烟台打捞局、上海打捞局和广州打捞局,承担各自区域内的打捞任务。五个救助飞行队由各救助局直接管理,包括北海第一救助飞行队、东海第一救助飞行队、东海第二救助飞行队、南海第一救助飞行队和南海第二救助飞行队。这些飞行队配备专业的救助直升机,负责执行空中救援任务。救捞局对各救助局、打捞局和救助飞行队实行统一垂直领导和管理,确保救援行动的快速反应和有效执行。这一组织架构的设计旨在最大限度地整合资源,提高救助打捞系统的整体效率和协调能力,以应对各类海上突发事件。

3.2 我国海上应急资源部署

3.2.1 北部海区救助力量

交通运输部北海救助局是我国北部海域的专业救助单位，总部设在山东省烟台市。其主要责任海区为绣针河口（北纬35°05′10″，东经119°18′15″）到平山岛北端（北纬35°08′30″，东经119°54′30″）的连线及北纬35°08′30″纬度线以北的水域。这片海域是我国北部重要的航运通道和渔业区，救助局在此肩负着重要的海上安全保障任务。

北海救助局下设多个救助基地，分别位于烟台、天津、秦皇岛、大连、荣成和青岛，如图3.2所示。这些基地分布在北方沿海主要港口和航运要地，确保在任何紧急情况下都能迅速调动资源进行救援。在烟大航线、天津、石岛、烟台、青岛等海区，救助局常年安排多艘救助船24小时执行海上应急救助和动态待命值班任务。这种全天候待命的安排，能够保障在突发事件发生时提供及时的救助服务。

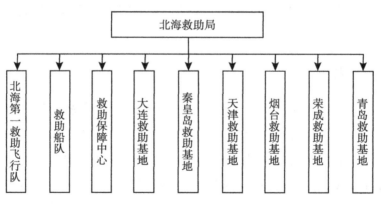

图3.2 北海救助局组织结构

目前，北海救助局共拥有各类救助船舶19艘，其中大型救助船10艘、快速救生船2艘、近海快速救生艇7艘。专业救助直升机5架，其中中型救助直升机S-76型3架、大型救助直升机EC-225型2架。这些船舶装备精良、性能优越，能够应对各种复杂的海上救援任务，确保在紧急情况下能够迅速出动，保障生命和财产的安全。北海第一救助飞行队拥有的S-76C机型海上救助直升机和EC-225机型海上救助直升机分别部署在大连周水子机场和蓬莱机场，担负昼间简单气象条件下110海里内的海上应急救助值班任务。直升机的加入，大大提升了救助局的反应速度和覆盖范围,尤其是在远海和难以靠近的海域,直升机救援能够快速到达并实施救助。

为了应对潜水作业需求,北海救助局设有应急反应救助队,各救助基地均设有以潜水员为主组成的应急反应救助分队。这些分队配有多型轻、重装潜水装具、移动式潜水供气系统、水下液压及电氧切割设备和水下摄像等装备,能够执行复杂的水下救援和抢险任务。应急救助队与沿海救助艇配合,保持全时值班,确保在需要时迅速出动,提供高效的救援服务。

北海救助局与烟台打捞局共同构建了北方海域海陆空"三位一体"的应急救援格局。这个综合救援体系结合了海上救助船舶、空中救助直升机和陆地应急响应力量,确保在海上突发事件出现时能够迅速有效地开展应急救援行动。通过这种多层次、多维度的救援网络,北海救助局大大提升了应急救援的综合能力,保障了北方海域的航运安全和渔业生产。北海救助局与烟台打捞局主要救助装备技术信息见附录 B 和附录 E。

3.2.2 东部海区救助力量

交通运输部东海救助局负责的辖区覆盖江苏、浙江、福建和上海三省一市,总部设在上海市。东海救助局的主要职责是保障东海海域的航运安全,负责海上应急救援任务,保护人们的生命和财产安全。其下设机构包括交通运输部东海第一救助飞行队、交通运输部东海第二救助飞行队、救助船队、救助保障中心,以及连云港、上海、宁波、温州、福州、厦门 6 个海上救助基地,如图 3.3 所示。东海救助局的责任区域北起江苏连云港,南至福建东山岛,覆盖了大陆海岸线 7202 公里,占全国海岸线的 39.22%,以及岛屿海岸线 8532 公里,占全国岛屿海岸线的 60.94%。这个区域内南北主航线过往船舶密集,其中长江口区、舟山水域和台湾海峡是交通部水上安全的重点保障区域。

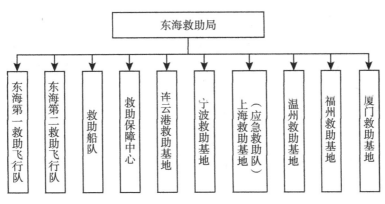

图 3.3 东海救助局组织结构

东海救助局的救助力量配置十分全面。救助船队配备了各类专业救助船舶，包括大型救助船、快速救生船和近海快速救生艇，这些船舶装备精良，具有强大的救援能力，能够应对各种复杂的海上救援任务，确保在紧急情况下能够迅速响应。除此之外，东海救助局还配备了多种型号的海上救助直升机，如 S-76。这些直升机能够在昼夜间执行海上应急救助任务，大大提升了救助的反应速度和扩大了救助覆盖范围，尤其在远海和船只难以靠近的海域，直升机救援能够迅速到达并实施救助。

东海救助局的救捞系统由上海打捞局负责运营，配备了 48 艘各类专业船舶，包括大型起重抢险打捞工程船、半潜船和大功率拖轮等，基础设施配套齐全，拥有码头、船厂和打捞基地。主要设备包括 4500 吨抢险打捞 DP Ⅲ 起重船"创力"轮、3000 吨自航 DP2 浮吊船"威力"轮、国内第一艘饱和潜水工作母船"深潜号"、700 吨打捞工程支持船"聚力"轮、200 米和 300 米饱和潜水系统、3000 米和 6000 米水下无人遥控潜水器（ROV），以及各种水下电缆铺设设备、海管挖沟设备和水下导向攻泥器等特种设备。这些先进设备和专业船舶为东海救助局的救援行动提供了强有力的支持。

东海救助局与上海打捞局紧密合作，构建了一个高效、全面的海上救援体系。结合海上救助船舶、空中救助直升机和陆地应急响应力量，东海救助局能够在发生海上突发事件时迅速出动，提供有效的应急救援服务，确保航运安全和海上人们生命财产的保护。这种多层次、多维度的救援网络，大大提升了东海救助局的综合救援能力，为维护我国东部海域的安全和稳定作出了重要贡献。东海救助局与上海打捞局主要救助装备技术信息见附录 C 和附录 G。

3.2.3 南部海区救助力量

交通运输部直属的南海救助局的责任海区北起台湾海峡南口，西至北部湾中段，南达南沙群岛，覆盖整个中国南海海域。其总部设在广州，负责管理多个救助基地，包括广州、深圳、汕头、湛江、北海、海口和三亚等救助基地，如图 3.4 所示。这些基地的值班船舶分布在汕头海区、珠江口海区、湛江海区、琼州海峡海区、广西北海海区、三亚海区以及南海水域，随时准备应对海上紧急情况，提供应急救援服务。

南海救助局在南部海域共部署 30 余艘专业救助船艇，能够执行有效的人命救助任务。此外，救助船配备了先进的救援设备，包括消防炮、高速救助艇、救生吊篮、可吊式救生筏和光电跟踪系统。特别是 8000kW 及以上功率的船舶，还配备了直升机起降平台。

南海救助局在责任海区配备了先进的空中救援力量，包括 2 架 EC-225 大型救助

3.2 我国海上应急资源部署

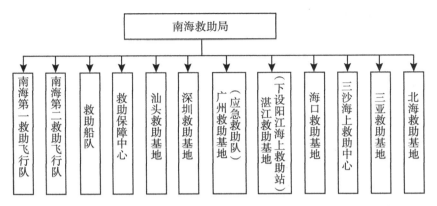

图 3.4 南海救助局组织结构

直升机和 3 架 S-76D 中型救助直升机，分别在珠海和三亚的救助飞机值班站点值守。根据交通运输部救助打捞局的动态待命值班制度，南海救助局在责任海区设立了 30 个值班待命点，其中 7 个为重要待命点，2 个为机动待命点。全年安排主机功率 6000kW 及以上的大功率救助船在关键待命点值守，而其他待命点则由小型船艇提供支持。具体值班点如下：

(1) 汕头海区：南澳岛水域、港内锚地、遮浪角水域。

(2) 珠江口海区：小洲基地、桂山锚地、深圳基地、广州基地、万山岛水域、高栏港水域、大星山水域。

(3) 湛江海区：基地码头、硇洲岛水域、阳江水域、闸坡水域、大黄江锚地。

(4) 琼州海峡海区：海口基地、海口港锚地、海安水域、洋浦水域、文昌水域、八所港水域。

(5) 广西北海海区：基地码头、涠洲岛水域、钦州港锚地、防城港水域。

(6) 三亚海区：基地码头、三亚港锚地。

(7) 南海水域：西沙水域、南沙水域。

在打捞力量部署方面，广州打捞局在我国南部海域配备了包括大型起重抢险打捞工程船、半潜船、大功率拖轮在内的 40 余艘各类船舶，拥有码头、船厂、打捞基地等完善的基础设施。南海救助局和广州打捞局主要救助装备技术信息见附录 D 和附录 G。

截至 2023 年 12 月 31 日，南海救助局共执行了 5764 次救助任务，累计出动救助力量 8707 次，成功救助遇险人员 21355 名，其中包括 1959 名外籍人员。成功救援了 1344 艘遇险船舶，其中 150 艘为外籍船舶，挽救的财产总价值约为 545 亿元。

3.3 国外发达国家海上应急救援体系

3.3.1 美国海上应急救援体系

美国海岸警卫队作为美国海上搜救力量的主要组成部分,在海上搜救任务中发挥着重要作用。美国海岸警卫队成立于 1790 年,隶属美国国土安全部,也是美国武装部队的一个分支。2003 年,美国海岸警卫队由交通运输部转隶至国土安全部。经过机构调整和任务整合,美国海岸警卫队的任务逐渐多样化,主要执行十一项法定任务,包括海上执法、海上搜救与环境保护、海上维权、航道维护、海上安全、国土防卫等。

1. 组织结构

美国海上搜救体系的组织机构由国家搜救委员会(National SAR Committee,NSARC)和美国海岸警卫队(United States Coast Guard,USCG)二级系统组成。国家搜救委员会是指导搜救工作的最高行政机构,负责制定国家搜救政策、协调各联邦机构的搜救事务。美国海岸警卫队是综合执法救援机构,主要通过海上搜救协调机构在各海区开展海上搜救工作。搜救任务协调员负责具体工作的组织协调。美国海岸警卫队的海上搜救工作主要分为五个阶段(桂婧等,2023):

1)遇险报警

各区域救助协调中心在接收到遇险报警电话时,值班人员会按照固定格式完整记录报警信息,包括遇险船舶名称和具体位置、遇险的具体情况等详细内容。这些信息的准确性和完整性对于后续的救援行动至关重要,同时,中心会立即启动应急响应程序,通知相关部门和搜救力量做好准备。

2)任务评级

在全面收集和分析遇险信息后,救助协调中心将根据一系列因素对搜救事件进行评级。这些因素包括遇险人员的位置(是否在远离陆地的公海,或是在近岸区域)、当地的气象条件(如风速、风向、降雨量、能见度等)、海况(如浪高、海流等)、遇险人员的身体状况(如是否有受伤、是否有充足的饮用水和食品等)、遇险船舶的状态(如是否有破损、是否正在下沉等)以及潜在的危险因素(如是否存在爆炸或火灾的风险等)。根据这些因素,搜救事件的级别被划分为不确定状态、警戒状态和危急状态三种情况,每个级别对应不同的应急响应措施和资源调配策略。

3)制订方案

搜救任务协调员在明确搜救事件级别后，将迅速制订详细的搜救计划。此过程包括确定遇险人员的具体位置，评估最佳搜救路径，选择最适合的搜救工具和设备，并分配相应的搜救力量。协调员会利用现代化的搜救系统，如全球定位系统（GPS）、雷达和卫星通信等，精确定位遇险人员的位置，并实时更新信息，以确保搜救方案的准确性和有效性。此外，搜救计划还会考虑到天气预报、海流预测等动态信息，确保搜救行动能够在最安全和最有效的条件下进行。

4）实施行动

各搜救力量在接到命令后，将迅速集结并按照制订的搜救计划前往指定海域展开搜救行动。这些搜救力量可能包括海上巡逻船、直升机、潜水员、医疗救援队等多种专业队伍。在搜救过程中，搜救任务协调员负责全时监控与指导，通过无线电通信设备与现场指挥人员保持密切联系，实时调整搜救策略，确保行动的协调性和高效性。如果遇到突发情况，如天气突然恶化或遇险人员位置发生变化，协调员会迅速调整搜救方案，确保救援工作的持续性和安全性。

5）搜救结束

搜救行动结束的条件由区域救助协调中心综合评估后确定。搜救行动可能因误报（如实际并未发生遇险情况）而终止，也可能在遇险人员获救、安全返回后宣告结束。如果评估认为遇险人员已无生存可能且没有继续救援的必要，行动也会终止。在搜救结束后，中心将对整个搜救过程进行详细的总结和评价，分析成功经验和存在的问题，以便为今后的搜救行动提供参考和改进依据。同时，救助协调中心还会与获救人员及其家属联系，提供必要的后续支持和帮助。

2. 管理体系

美国将海上搜救责任区分为两个区域：太平洋搜救区（西区）和大西洋搜救区（东区）。其下共含11个管辖区，在每个管辖区，美国海岸警卫队建立了海上区域搜救指挥协调中心，负责组织、协调本搜救责任区内的搜救工作。美国海上搜救管理体系如图3.5所示。

3. 装备与资源

美国海岸警卫队总部下设1个航空管理机构和26个航空基地，配备68架固定翼飞机和136架巡航搜救直升机。美海岸警卫队还装备有2035艘各种船只，包括巡逻船、破冰船、巡逻艇、训练帆船等。海岸警卫队的5个管理区中的41个基地和191个搜救站全年24小时待命，每个搜救艇需配备21名船员。搜救艇基本上是标准化的，从而便于船员操作、培训、检查、维护和管理（韩鹏等，2020）。

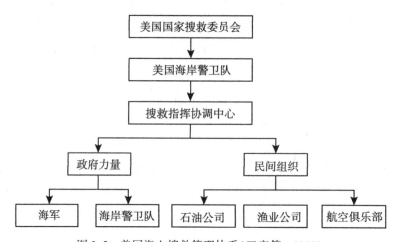

图 3.5 美国海上搜救管理体系(王宁等，2023)

4. 搜救行动响应标准

根据美国海岸警卫队制定的海上搜救策略，搜索和救援协调中心首先依靠收集到的所有相关信息进行初步分析，并在接到报警电话后迅速集结救援力量。美海岸警卫队要求其搜救单元在接收遇险通知 30 分钟内做好所有搜救前期准备，搜救力量在 90 分钟内抵达遇险现场，总响应时长不得超过 2 小时(崔世甲，2020)。

3.3.2 英国海上应急救援体系

英国海上搜救实行战略委员会统一领导，主管机构负责协调，各搜救组织紧密合作的运行模式，其海上搜救体系与美国类似，均为两级结构，搜救政策制定部门与执行部门既独立又紧密协调。

1. 组织结构

搜救政策的制定由英国搜救战略委员会负责，主要制定搜救政策、战略、义务和标准，构建搜索框架和救援组织体系，确定参与标准。执行部门以英国海事与海岸警卫署为主，协调国防部、地方政府、警察部门和民间搜救组织，共同确保充足的搜救力量。英国应急响应流程包含 4 个阶段(王宁等，2023)。

1)险情报告与处置

在险情发生时，公众或相关人员通过电话、紧急报警系统等方式迅速向相关应急部门报告险情。应急部门接到报告后，立即进行初步评估，确认险情的真实性和严重程度，并迅速将信息传递给相关应急响应机构，以确保所有相关方能够及时了解情况并准备采取行动。

2）应急响应

应急部门根据险情评估结果决定是否启动应急计划，并按照预定的程序和方案进行响应，调动必要的应急资源，包括人员、设备和物资，确保能够有效应对险情。同时，建立统一的指挥和协调机制，确保各应急部门和机构之间的信息共享和协同工作，通过媒体和其他渠道向公众发布信息，提供指导和建议，确保公众安全。

3）现场处置

在现场，指派专门的现场指挥官负责协调和指挥应急响应行动，包括灭火、救援、疏散、医疗救护等，确保能够有效控制险情并减小损失。同时，采取必要的安全措施确保现场所有人员的安全，防止次生灾害的发生，并持续监测和评估现场情况，根据变化调整应急行动和资源配置。

4）搜救终止

在完成主要应急任务并确保现场安全后，相关部门根据评估结果确定应急响应和搜救行动的结束条件，发布搜救终止通知，并告知公众应急行动已经结束。随后，对整个应急响应过程进行总结和评价，识别存在的问题和不足，总结经验教训，并开始灾后恢复和重建工作，帮助受影响的人员和社区恢复正常生活。

2. 管理体系

英国海事与海岸警卫署对海上搜救实行分区管理，包含4个分区，即东部搜救区、西部苏格兰、北爱尔兰搜救区及西南部搜救区。其下共设19个海上搜救协调中心，负责责任区内的搜救工作，实现全天24小时海上遇险的接警和应急反应。英国海上搜救管理体系如图3.6所示。

3. 装备与资源

英国海上搜救的主要力量包括皇家海岸警备队以及社会搜救力量，如皇家救生艇协会等。其中，英国海事和海岸警卫署为救援行动配备了12架直升机和固定翼飞机，有效覆盖其全部海上搜救责任区。此外，还有400余艘全天候待命的救助艇，确保海空双重覆盖，保障英国搜救工作的高效进行。英国海事和海岸警卫署在全国设有18个雷达站、沿海船舶自动识别系统地面站以及港口视觉识别系统，全面覆盖全国沿海水域。

4. 搜救行动响应标准

救生艇在接到搜救任务指令后，能在10分钟内迅速出发，并在半小时内抵达

第3章 海上应急资源配置现状

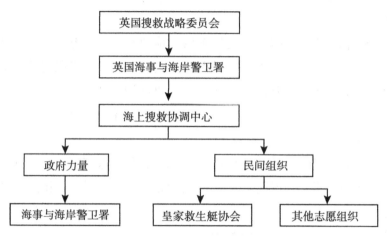

图3.6 英国海上搜救管理体系(王宁等,2023)

12海里范围内的现场,在2小时内抵达50海里范围内的现场。搜救直升机在接到任务指令后,白天能够在15分钟内出发,夜间则能够在45分钟内出发(崔世甲,2020)。

3.3.3 日本海上应急救援体系

日本海上专业搜救力量主要是日本海上保安厅,它隶属日本国土交通省,是负责维护海上治安、保障海上交通安全、开展应急搜救和海洋环境保护等工作的行政部门。

1. 组织结构

日本海上保安厅的总部位于东京,主要包括保安厅长官、次长和警备救难监事,其下设5个职能部门,分别是行政部、装备技术部、警备救难部、海洋情报部和海上交通部。行政部的主要职责包括公共关系处理、国际交流、人事管理以及预算财务管理等工作;装备技术部主要负责船艇的建造、飞机的采购以及其他相关装备的购置等工作;警备救难部则负责维护海上公共秩序、实施海上救难以及防止污染等任务;海洋情报部的职责涵盖海图的测绘、航道的测量、海洋观测、提供海图出版物和管理确保航行安全所需的信息等;海上交通部则主要负责实施航行安全措施、设立和维护航标等工作。

2. 管理体系

日本海上保安厅以日本本土为中心,将周边海域划分为11个海上管区,每个管区内设有地方海上保安厅。这些地方海上保安厅负责各自管辖区域内的海上保安工作。日本海上保安厅共有70个保安厅办公室、2个保安厅航空站、61个保安厅站、7个船舶交通服务中心、12个航空站。此外,还有多个专门站点,包括跨国组织犯罪打击站、全国突击队站、水文观测站、特殊保卫站以及特殊救援站等(马晓雪等,2016)。日本海上搜救管理体系如图3.7所示。

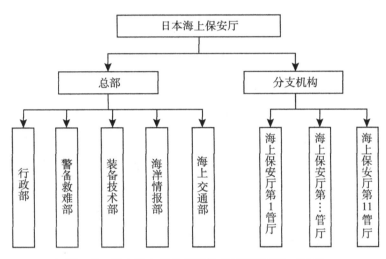

图3.7 日本海上搜救管理体系(马晓雪等,2016)

3. 装备与资源

日本海上保安厅配备了约700艘各类舰艇,分为四大类:警备救难业务用船、海洋情报业务用船、航略标识业务用船和教育业务用船。主要有大型直升机巡视船13艘、未带直升机的大型巡视船38艘、中型巡视船38艘、小型巡视船27艘、巡视艇57艘、消防船5艘、消防艇3艘、放射能调查艇3艘、监视取缔艇42艘等。此外,海上保安厅还拥有各型固定翼飞机29架和各型直升机46架,可以实现目标海域24小时不间断巡逻。

4. 搜救行动响应标准

对于距离海岸线100海里以外的远海区域,巡视船能够在12小时内抵达距岸200海里以内的事发地点,并在24小时内抵达距岸200海里以外的地点。对于距离海岸100海里以内的海域,由大型巡视船和飞机进行联合监控,确保在发现状况后6小时内抵达现场并完成紧急响应。在沿岸地区,则由高速中、小型巡视船等负责,能够在3小时内完成紧急响应。

3.4 国内外海上应急救援体系比较

海上应急救援体系在不同国家因其国情而有所不同。例如，美国、日本和英国等国家的海上搜救任务由综合执法机构（如海岸警卫队、海上保安厅等）执行，将海上安全监管与搜救职责整合在一起。相比之下，中国采取了独特的发展路径，设立海上搜救中心负责组织和协调搜救行动，海事机构负责海上安全监管并参与应急搜救行动，救捞系统则专注于海上专业救援，尤其擅长复杂条件下的立体救援，如空中、水上和水下救援。

全球一些发达国家的海上搜救体系通常设有搜救协调中心或类似的指挥控制平台。为了进一步提升我国海上搜救能力，可以依托数字化和智能化技术，构建先进的搜救协调指挥中心和信息平台，以实现中央与地方、部委与省市之间的高效应急指挥信息共享和联动，确立清晰的行动准则和程序。此外，加强与我国周边国家的信息共享和联合救援机制，将有助于提升我国在区域海上救援中的影响力。

当前中国在海上应急资源分配方面面临着一些挑战。首先，资源分配存在着信息不对称和协调不畅的问题，导致在应急事件发生时，资源调配不及时、不高效。其次，海域广阔、环境复杂，使得海上救援行动难以快速响应和精准定位，特别是在远海和恶劣天气条件下的救援更困难。海上搜救能力的提升离不开先进的专业救援设备和高效的搜救技能。

为了应对这些挑战，优化海上应急资源的配置至关重要。建立动态调度和资源共享机制，可以在不同地点和时间段快速调配最适合的资源，提高响应效率，扩大覆盖范围。同时，应引入先进的信息技术，如大数据分析，实现对搜救行动的实时监控和预测，从而精准分析搜救需求和资源供给的匹配度。此外，加强应急资源的多元化配置，包括推广新型救援装备和技术，以应对不同类型和规模的海上突发事件，提高救援成功率和生存率。

总体而言，当前迫切需要通过优化海上应急资源配置、整合先进技术手段和有效管理机制，以有效提升我国海上搜救能力。这样可以更好地应对复杂多变的海上安全挑战，确保海上人员和财产的安全。

3.5 本章小结

本章详细介绍了我国海上应急救援体系的发展历程，阐明了其组织架构、主要职责和系统组成；接着对我国当前海上应急资源的部署进行了详细说明；最后，比较美国、英国和日本各自的海上应急救援体系，凸显了国内外应急救援体系的异同之处。

第4章 南海概况与数据收集

4.1 研究区概况

南海，位于中国大陆南部的广阔海域，其范围北至中国台湾岛，南临加里曼丹岛和苏门答腊岛，西至中南半岛和马来半岛，东接菲律宾群岛。总面积达到350万平方公里。中国南海通常指U形断续线内的海域（曹强，王迎春，2022）。

本研究的研究区位于南海海域，主要包括断续线内部的中国南海区域，以及越南、马来西亚、菲律宾三个国家沿海部分区域，研究区位置如图4.1所示（彩色效果见附录八彩图4.1）。

南海是沟通太平洋和印度洋，连接亚洲和大洋洲的海上交通要道，是全球海上活动较频繁的海域，每年通过南海的货运量约占全球总量的三分之一（孙庐山，2018）。同时，南海蕴藏的丰富的渔业与矿产资源也吸引着其周边各国开展大量捕捞与开采活动。此外，随着南海周边国家的利益摩擦愈发激烈，各种军事活动也在南海海域持续上演。但最近几年，南海海上交通安全受到了多方面的威胁，主要包括海洋环境条件、海盗和海上恐怖主义以及南海问题复杂化三个方面（史春林，2012）。首先，随着全球气候变化的影响日益扩大，台风、海啸等恶劣自然现象在南海海域频繁发生；其次，海盗和海上恐怖主义等对南海海上安全也构成了重大威胁，根据国际海事组织（International Maritime Organization，IMO）统计，2010—2020年间南海海域发生的海盗及武装抢劫事件高达937次（Global Integrated Shipping Information System，2020）；最后，南海问题逐渐复杂化与国际化，南海周边国家的利益争夺日益激烈，而一些域外国家（例如，美国、日本、印度等）出于自身利益考虑持续插手南海争端，导致南海态势更加复杂化，矛盾日益加剧，进一步威胁南海海上交通安全。最近十年间，与世界其他海域相比，南海海上交通事故造成的损失最严重（Weng et al.，2018）。

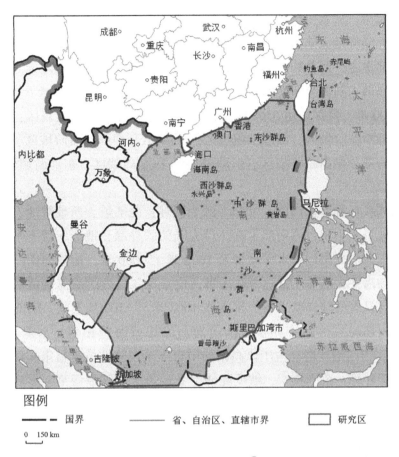

图 4.1 研究区位置①

（注：本图基于自然资源部标准地图服务网站审图号为 GS(2019)1711 号的标准地图绘制，底图边界无修改。）

4.1.1 自然环境

1. 地形地貌

南海的海底地形复杂多变，包括中央海盆、大陆架和大陆坡三大部分，呈现环状分布。中央海盆位于南海中部偏东，整体呈扁菱形分布，其地势特点是西北部较高，东部和中部较低。海盆内部区域大部分相对平坦，可分为北部的平坦区和南部的多山地区。北部水深约 3400 米，而南部则更深，水深在 4200 米至 4400 米之间。

---

① 曹强，王迎春. 中国南海问题研究回顾与展望(2001—2020 年)——基于 CNKI 数据和知识图谱的分析[J]. 南海学刊, 2022, 8(01): 70-84.

在南海东部的岛坡内和坡麓下,分布着巨大的长条洼陷,包括吕宋海槽、马尼拉海沟及巴拉望海槽,从北向南延伸。

南海的大陆架沿大陆边缘和岛弧延伸,坡度不同,向中央海盆倾斜。南部大陆架最宽,北部次之,西部和东部较为狭窄。在中央海盆与周围大陆架之间是陡峭的大陆坡,南海的大陆坡分布在水深 150 米至 3600 米之间,呈阶梯状下降。南海的平均水深约 1100 米,最深处达 5567 米。南海海底可划分为 9 个地貌区:北部堆积型陆架区、北部断裂阶坡区、西部堆积-侵蚀型陆架区、西部断裂阶坡区、南部堆积型大陆架区、南部分割高原陆架区、东部侵蚀-堆积型岛架区、东部断裂沟脊岛坡区、中央深海平原区。

南海大陆坡环绕海盆四周,可分为四个区域:北陆坡、西坡阶地、南陆坡和东陆坡。北陆坡位于中国台湾南部至珠江口大陆架的外缘,地形起伏不平,并有隆起的暗礁。在东沙群岛附近,水深增加至 1000 米至 2000 米,地势向南凸出。西坡阶地位于海南岛南部大陆坡,宽达 300 海里,位于珠江口外的深海洼地和越南南部陆坡之间,具有显著的阶梯状地形,水深在 1000 米至 1500 米之间。南陆坡也是阶梯状大陆坡,南部与巽他陆架相接,东南部与巴拉望海槽相邻,水深在 1000 米至 2000 米之间,中国南沙群岛位于该高原的山脊上。东陆坡位于吕宋、民都洛及巴拉望西侧的岛架外缘,范围狭窄,坡度陡峻,受多条水下峡谷切割,形成多个海峡与通道(王加胜,2014)。

南海海岸分为六大区域:华南大陆、中南半岛、马来半岛、苏门答腊岛、加里曼丹岛和菲律宾群岛。根据南海海岸带地貌特征,将其海岸带细分为 51 个岸段(张君珏等,2016)。南海同相邻的海区之间有许多通道,为海水交换和海上航行之所必经,其中较重要的有以下 8 处:台湾海峡、巴士海峡、巴林塘海峡、民都洛海峡、巴拉巴克海峡、卡里马塔海峡、加斯帕海峡及马六甲海峡。

2. 气象条件

1)气温

南海是典型的热带性海洋,气候的主要特点之一是全年气温较高。南海地区常年高湿,气温变化较小,南北区域差异不大。年平均气温在 22°C 至 28°C 之间,年平均相对湿度在 80% 以上。七月的平均气温为 28°C,即使在冬季的 1 月,南海南部的气温也能达到 26°C,北部通常不低于 15°C。

2)风

南海海面风的季节变化和地理分布主要受气流和环流系统的影响。南海低空主要的气流有冬季的东北季风气流,夏季的西南季风气流。南海在冬半年盛行东北季风，夏半年则盛行西南季风，且冬季风速强于夏季风。东北季风在 11 月最强，常达到 4~5 级，有时可达 6~7 级，北部、吕宋海峡及南沙群岛的西部海域是大风区。相对而言，西南季风的风力较小，多在 4 级以下。

3）降水量

南海海域降水充沛，年平均降水量在 1200~3300 毫米之间，年降水日数一般超过 125 天，雨季平均月降水日数约为 20 天，24 小时降水强度可超过 500 毫米。海面降水量自北向南逐渐增加，赤道热带地区的年际变化较小，而热带和南亚热带地区的年际变化较大。南海冬季盛行来自亚洲大陆干冷的高气压带的东北季风，通常不产生降水，但通过南海广阔海面时，可能在向风处形成降水。夏季盛行的西南季风带来湿热气流，易形成降雨。由于西南季风和东北季风在夏冬交替，南海大部分海域的干湿季节明显，只有赤道热带海面全年多雨，无干湿季之分。

4）海雾与霾

南海的海雾相对较少，主要出现在北部湾和广东沿岸海域。年平均雾日最多的地方为 41 天，其他海区则少于 15 天，西沙群岛和琼州海峡几乎全年无雾。南海海雾的出现期为 12 月至翌年 4 月，以 1 至 3 月最为频繁，雾期从东北向西南逐渐提前。南海的霾主要出现在冬、春季，以北部沿海和暹罗湾最多，月平均最多频率在 4% 以下。

5）热带气旋

南海在夏季和秋季常常受到热带气旋的影响，每年平均有大约 10 个热带气旋在南海活动。这些气旋的活动范围相对集中在 15°N 至 21°N 之间，其中约三分之二的热带气旋都发生在这个海区内，特别是 18°N 至 20°N 的区域最频繁。就强度而言，台风在这些气旋中占据主导地位，其次是热带风暴，最少的是热带低压。

3. 水文特征

1）温度

南海属热带海洋，表层水温都很高，但由于纬度跨度大，且受季风、海流等因素的影响，南北表层水温分布有差异。其中，南海表层水温的分布大致以 17°N 为界，分北部和南部，北部水温较低且温差较大，南部水温较高且温差较小。东西向比较，东部水温较高，西部水温较低。南海深层水温较为均匀，没有明显的地区差异。

2）盐度

南海海域由于少受陆地径流影响，总体来说盐度较为均匀，时空变化不大。北部盐度比南部高，高值区位于南海北部吕宋海峡以西，其中冬季黑潮入侵最强，表层盐度最高，夏季黑潮入侵最弱和降雨较强，表层盐度达到最低值。此外，底层盐度则比表层高。

3）海浪

南海地区的海浪受热带季风气候影响显著。冬季和秋季的海浪最大，其次是夏季，而春季的海浪最小。发生的海浪主要是由风引起的风浪，占海浪总数的六成左右；少数是由邻近海区传来的涌浪，所占比例约四成。从各海区来看，台湾海峡、南海东北部和吕宋海峡的海浪最强烈，其次是南海中部、北部湾和南海南部的海浪较弱。

4）潮汐

南海的潮汐现象主要受大洋潮波的影响，而月球和太阳的引潮力对海水潮汐波动的影响不大。南海的潮汐性质错综复杂，大部分海域的潮汐以全日潮或不规则的半日潮为主。例如，北部湾、泰国湾、吕宋岛西岸、加里曼丹岛北岸和巽他陆架区等地均为全日潮性质，而在吕宋海峡、台湾海峡、广东沿岸和马来半岛南端等地区则出现不规则的半日潮性质。

5）海流

南海表层海水在热带海洋季风的影响下形成不同特点的海流。海流随季节变化，流速较慢。东北季风期间，海流由东北向西南流动，整个海区形成逆时针的大环流。季风转换时，海流方向变得紊乱。其中，每年4月在西沙群岛西南及南沙群岛西部各出现一个呈逆时针方向的气旋型环流。9月，南海北部的海流中心位于西沙群岛西南，呈逆时针方向，而南海南部的海流中心位于纳土纳群岛之西，呈顺时针方向。

4.1.2 地缘政治

南海诸岛自古以来就是中国的领土，是中国最南方的领土，是南海中许多岛、礁、沙、滩的总称。其北起北卫滩，西起万安滩，南至曾母暗沙，东至黄岩岛，由东沙群岛、西沙群岛、中沙群岛和南沙群岛组成，海域内有200多个岛礁、沙洲、暗滩等。中国最早对这些岛礁进行命名、开发、管理。此外，南海资源富足，航运价值较高，具有十分重要的战略地位。

自20世纪70年代以来，越南、菲律宾、马来西亚、文莱等国纷纷派兵侵占我国南海岛礁。如表4-1所示，当前我国在南沙群岛中的8个海上岛礁(太平岛、永暑礁、南薰礁、东门礁、华阳礁、赤瓜礁、渚碧礁及美济礁)有驻军，而共有43个南海岛礁被其他国家所侵占。其中,越南侵占了南沙群岛的29个岛礁,菲律宾控制了8个岛礁,马来西亚则占领了5个岛礁,文莱侵占了南通礁(袁一,2018)。南海周边国家的利益摩擦不断加剧以及域外人国(如美国、日本等)的介入,使得南海局势变得更加严峻化、国际化、紧张化。维护南海地区的和平与稳定发展,需要周边各国共同努力。

表 4-1　　　　　　　　　　南沙岛礁控制情况(袁一,2018)

国家	岛礁名称	进驻时间
中国	太平岛	1964
	永暑礁	1988
	南薰礁	1988
	东门礁	1988
	华阳礁	1988
	赤瓜礁	1988
	渚碧礁	1988
	美济礁	1995
菲律宾	费信岛	1970
	马欢岛	1970
	南钥岛	1971
	北子岛	1971
	中业岛	1971
	西月岛	1971
	双黄沙洲	1978
	司令礁	1980
马来西亚	弹丸礁	1983
	南海礁	1986
	光星仔礁	1986
	簸箕礁	1999
	榆亚暗沙	1999
文莱	南通礁	2009

续表

国家	岛礁名称	进驻时间
越南	南子岛	1975
	南威岛	1975
	鸿庥岛	1975
	景宏岛	1975
	敦谦沙洲	1975
	安波沙洲	1975
	染青沙洲	1978
	毕生礁	1978
	中礁	1978
	柏礁	1987
	西礁	1988
	日积礁	1988
	大现礁	1988
	无乜礁	1988
	东礁	1988
	南华礁	1988
	六门礁	1988
	奈罗礁	1988
	舶兰礁	1988
	鬼喊礁	1988
	琼礁	1989
	蓬勃堡	1989
	广雅滩	1989
	万安滩	1989
	西卫滩	1990
	李准滩	1991
	人骏滩	1991
	奥南暗沙	1998
	金盾暗沙	1998

4.1.3 交通运输

南海是连接太平洋和印度洋、沟通亚洲和大洋洲的重要通道，随着全球海洋经济的快速发展，南海海运贸易量不断增加，同时渔业、涉海工程项目、海上旅游等活动日益频繁，南海海域成为世界上海上交通运输较繁忙的水域之一，也是"21世纪海上丝绸之路"的重要水域。该海域内主要航线有：新加坡—广州/香港、巴士海峡—新加坡、巴林塘海峡—苏禄群岛(孙梦竹，2019)。

南海周边国家海岸线曲折，建港条件十分优越。随着国家经济的迅速发展，海运贸易频繁，周边港口建设不断加快，该区域内港口分布的数量位居全球前列。南海周边国家和地区的港口数量超过800个，拥有港口数量最多的是印度尼西亚，菲律宾、马来西亚、新加坡、泰国、文莱和柬埔寨依次紧随其后(王加胜，2014)。由于浅水、暗礁、台风、海盗等的存在，南海也被称为航行危险区域(Knapp and Van de Velden，2011；Wang et al.，2014)。据统计，最近十年间，与世界其他海域相比，南海海上交通事故造成的损失最大(Weng et al.，2018)。

4.1.4 海盗袭击事件

南海海域的海盗问题出现得比较早，大致与东南亚海上贸易的发展紧密相连。自1950年东南亚各个国家的经济开始迅速发展，南海海域的海盗活动逐渐频繁。特别是在1980年后，东南亚经济和政治发生动荡，海盗事件进一步恶化，成为世界上海盗活动高发区之一，发生过多起恶性海盗袭击事件(李金明，2008；Rosenberg，2009)。根据国际海事局统计报告，南海海域海盗袭击事件占全球海盗袭击事件的比例较高，为15%~20%。

该海域海盗袭击事件如此频繁的原因主要在于：首先，南海是海上贸易的交通要道，每天在该海域航行的船舶众多，航运活动十分频繁；其次，南海周边国家大多经济水平有限，多数国家的海上搜救装备与发达国家相比有明显差距，较为落后，海上安全力量较弱；然后，南海海域广阔，通常对海盗袭击事件的应急响应较慢，同时，当前部分海域还存在争端，使得海盗问题进一步恶化；最后，美国、日本、澳大利亚等域外大国的不断介入，大大增加了南海海盗问题的复杂性。

4.2 数据来源与处理

本研究使用的数据资料包括海上交通数据、海洋环境数据、海上交通事故与海盗袭击事件数据及其他空间数据。这些数据来自多个数据源，包括政府、国际组织和商业公司等。海上交通数据来自船舶自动识别系统（AIS）提供的船舶位置数据；海洋环境数据包括海风、海浪、降雨、低层云、热带气旋、水深等栅格数据；海上交通事故与海盗袭击事件数据包含海上人员伤亡和事故数据，以及海盗与武装抢劫数据；其他空间数据包括海岸线和行政区域数据、搜救基地数据、港口数据、海上航线数据及南海岛礁数据。

使用数据的概括如表 4-2 所示。

表 4-2　　　　　　　　　　　　研究使用数据概括

类别	名称	格式	时间	来源
海上交通数据	AIS 数据	csv	2016—2017	船讯网
海洋环境数据	海风	NetCDF	2005—2019	ECMWF[①]
	波浪	NetCDF	2005—2019	ECMWF
	低层云	NetCDF	2005—2019	ECMWF
	降雨	NetCDF	2005—2019	ECMWF
	水深	tiff	2019	GEBCO[②]
	热带气旋	shp	1980—2019	IBTraCS[③]
海上交通事故与海盗袭击事件数据	海上交通事故	csv	2009—2019	GISIS[④]
		文本	2009—2018	南海救助局
	海盗与武装抢劫	csv	1999—2019	GISIS
其他数据	海上搜救基地	shp	2019	南海救助局及相关的研究（Holmes，2014；Barnes and Hu，2016；Zhou et al.，2019）
	海岸线与行政区域	shp	2019	全球行政区划网
	港口	shp	2019	世界港口目录网站
	海上岛礁	shp	—	谷歌地球
		tiff	2017—2019	谷歌地球

注：①ECMWF：European Centre for Medium-range Weather Forecasts。
②GEBCO：The General Bathymetric Chart of the Oceans。
③IBTraCS：International Best Track Archive for Climate Stewardship。
④GISIS：Global Integrated Shipping Information System。

4.2.1 海洋环境数据

本研究所用的海洋环境数据来源于欧洲中期天气预报中心(European Centre for Medium-range Weather Forecasts, ECMWF)。ECMWF 是世界气象组织(WMO)建立的交互式全球预报大集合的资料中心之一，是由 34 个国家共同支持的国际性组织，并逐渐成长为当今世界独树一帜的国际性天气预报研究和业务机构。1975 年 ECMWF 正式成立，总部位于英国的 Bracknell。作为一个政府间机构，ECMWF 的任务是为各成员及合作伙伴提供气象数据等服务。自 1979 年 8 月 1 日起，该中心开始发布中期天气预报。ECMWF 定期使用其预测模型和数据同化系统来再分析已储存的观测值，从而生成描述大气、陆地和海洋历史长时间的全球数据集。ECMWF 的官方网站(https://www.ecmwf.int)提供多种时间分辨率和空间分辨率的全球陆地和海洋的气象历史数据和预报数据。过去数十年的 ECMWF 提供的观测数据资料，已经成为大气和海洋研究方面广泛利用的重要数据来源。ECMWF 目前发布的最新数据集为 ERA5。该数据集提供了全球 1979 年以来的详细气候空间信息，包括大气温度、湿度和风力，降雨、低层云和压强等诸多参数，从而代替了上一代数据集 ERA-Interim。图 4.2 则分别显示了南海海域 2019 年 8 月海风、波浪、低层云和降雨月平均值的空间分布情况(彩色效果见附录八彩图 4.2)。

本研究从 ECMWF 提供的 ERA5 数据集中下载了 2005—2019 年间南海全海域的海风、波浪、低层云和降雨数据，所有数据的空间分辨率为 $0.125°×0.125°$，时间分辨率为 6 小时。这些数据被用来计算相应的指标值，从而评价重要的海洋环境要素对于船舶海上航行安全的影响。特别地，由于缺乏整个南海海域的海雾数据，参考 Sathiyamoorthy 等(2016)的研究成果，低层云数据被用于计算海雾指标。

研究还收集了 1980—2019 年间发生在南海全海域所有的热带气旋数据。数据来自美国国家环境信息中心(National Centers for Environment Information, NECI)提供的气候管理国际最佳跟踪档案(International Best Track Archive for Climate Stewardship, IBTraCS)。该数据库提供了全球详细的热带气旋数据，包括热带气旋空间位置和强度大小，时间间隔为 6 小时。提供的热带气旋数据可以从其官方网站(https://www.ncdc.noaa.gov/ibtracs/)免费下载获取，是全球多个热带气旋数据的整合，数据较其他相同数据集更为完整，已被广泛应用于热带气旋活动的研究(吴启蒙等，2019)。研究收集的热带气旋数据被用于评价热带气旋对于船舶海上航行安全的影响。

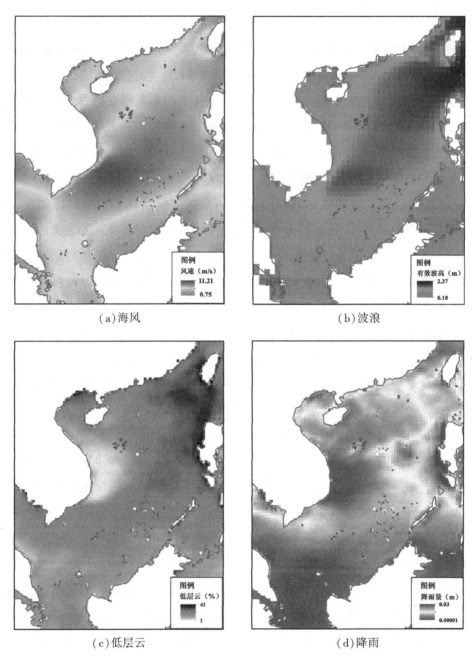

(a) 海风　　　　　　　　　　　(b) 波浪

(c) 低层云　　　　　　　　　　(d) 降雨

图 4.2　南海海风、波浪、低层云和降雨空间分布示意图

此外，下载的水深数据为全球海陆数据库(The General Bathymetric Chart of the Oceans，GEBCO)在 2019 年发布的 GEBCO_2019 Grid 数据，数据的空间分辨率为 15 弧秒(arc-second)。该数据主要是通过整合船舶实际测深数据和卫星高度数据得到

的。GEBCO 是由国际海道测量组织(IHO)和政府间海洋学委员会(IOC)联合有关国家共同编制的覆盖全球的地势图,所有数据均可从其官方网站(https://www.gebco.net/)免费下载。该水深数据库是目前全球最具权威性的海洋水深数据。水深数据可用于分析水深对船舶航行安全的影响。

4.2.2 海上交通数据

研究采用了船讯网(http://www.shipxy.com)提供的2016—2017年的船舶自动识别系统(AIS)数据。AIS 数据包含三类信息:静态信息、动态信息和航次信息。其中,静态信息包含船舶海上移动服务识别码、船舶名称、船舶尺寸、船舶类型等。动态信息则包括船舶实时位置、航行速度、航行方向、航行状态、发送时间等;航次信息包括目的地、到达时间、运载货物种类等(唐皇,2020)。图 4.3 显示了 2017年1月南海海域船舶轨迹位置。在本研究中,AIS 数据中的船舶位置数据用于海域船舶密度计算。

图 4.3 南海船舶轨迹位置

21 世纪初,国际海事组织(International Maritime Organization,IMO)开始逐步推广 AIS 相关设备。根据 IMO 颁布的《国际海上人命安全公约》(*International Convention for the Safety of Life at Sea*)的要求,国际航线中 300 总吨以上的商船必须装备 AIS 设备,而其他航线中 500 总吨以上的货轮以及所有客轮都必须安装 AIS 设备(李永攀,2019)。AIS 综合了标准化的 Very High Frequency 收发器、定位装备(如 GPS)和其他电子导航设备(如陀螺罗经)于一体。使用特定的 Very High Frequency 发射器,将与船舶有关的数据传送到其他信息收集装备。据估计,截至 2017 年,全世界已有 38 万艘船舶装备了 AIS 收发器(赵梁滨,2019)。一艘船舶的 AIS 数据是一段时间内一系列连续轨迹点的集合。通常,对于在航行中的船舶通过 AIS 报告位置的播发频率是 2~30 秒,而处于静止状态的船舶,位置报告的频率则为 3 分钟一次。

4.2.3 海上交通事故及海盗袭击数据

研究收集了 2009—2019 年间发生在南海海域的海上交通事故数据。该数据是从国际海事组织创建的全球综合航运信息系统(Global Integrated Shipping Information System,GISIS)中的海上伤亡与事故(Marine Casualties and Incidents)数据库内免费下载获得(https://gisis.imo.org/Public/MCI/Default.aspx)的。此类数据包括船舶名称、事故发生位置、事故发生时间、事故后果等。在本研究中,海上交通事故数据用于验证海上事故风险评价结果。此外,还收集了交通运输部南海救助局在 2009 年至 2018 年之间发布的 125 份官方事故报告(https://www.nh-rescue.cn/jzxx/list_23.html),该报告不仅提供了海上事故相关信息,还包括海上搜救行动的时间与位置信息,这部分数据用来验证所提出模型计算的救援可达时间的有效性。图 4.4(a) 显示了 2009—2019 年南海部分带有准确空间位置信息的海上交通事故数据(彩色效果见附录八彩图 4.4)。

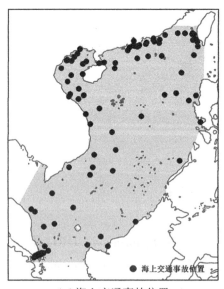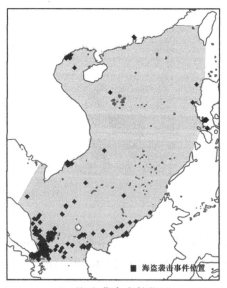

(a)海上交通事故位置　　　　　　(b)海盗袭击事件位置

图 4.4　南海海域部分海上交通事故位置与海盗袭击事件位置

海盗抢劫船只、财物，严重时会伤害船员，是当前影响船舶海上航行安全的主要人为危害，对海上交通安全构成很大威胁。研究从国际海事组织发布的 GISIS 系统中的海盗与武装抢劫（Piracy and Armed Robbery）数据库（https：//gisis.imo.org/Public/PAR/Default.aspx）下载得到 1999—2019 年间海盗与武装抢劫数据，该数据提供了海盗袭击发生的位置、袭击类型、袭击结果等信息。图 4.4（b）则显示了 1999—2019 年南海海盗袭击事件的空间位置分布。该数据主要用于分析海盗活动对于海上交通安全的影响。

4.2.4 其他数据

除了上述主要数据外，研究还使用了一系列其他数据，主要包括海上搜救基地、海岸线、行政区域、港口和海上岛礁数据。其中，研究收集了南海周边重要国家（中国、越南、马来西亚、菲律宾）的沿海搜救基地数据，该数据是从政府官方网站（http：//www.nh-rescue.cn/）及相关的已公开发表的研究成果（Holmes，2014；Barnes，Hu，2016；Zhou et al.，2019）中获得。海岸线和行政区域数据是从全球行政区域网站（https：//gadm.org）得到。南海周边港口数据从世界港口目录网站（http：//ports.com）收集。海上岛礁数据则是通过 TIANDITU（http：//map.tianditu.gov.cn/）矢量化获得。此外，研究还从谷歌地球上获取了南海海域所有岛礁的遥感影像，并进行目视解译。

4.2.5 数据预处理

由于研究收集的数据来源众多且形式各异，需要经过一系列预处理工作才能进一步地使用和分析。预处理涉及的步骤主要包括去除无效数据、数据空间化、统一坐标系、统一栅格大小、重采样、裁剪等过程。所有数据收集完成后均需要检查去除无效数据，以保证数据的准确性与有效性。数据的空间化主要针对于非空间数据（海上交通数据、搜救基地数据、港口数据、海上航线数据、海上岛礁数据），将这些数据空间化，以形成空间图层，存入空间数据库。本研究使用统一的 WGS-84 地理坐标系，采用墨卡托投影。综合考虑所有数据的分辨率与区域尺度，确定栅格数据的空间分辨率为 0.125°。使用 ArcGIS 软件已有的坐标转换和重采样工具统一数据的坐标系与栅格大小。此外，利用裁剪工具将所有数据统一裁剪至研究区范围大小。

4.3 本章小结

本章主要介绍研究区南海的自然环境、地缘政治、交通运输等基本情况，说明了本研究使用的各类数据，包括海洋环境数据、海上交通数据、海上交通事故数据等研究数据。此外，还介绍了对上述数据的预处理工作流程，涉及的步骤主要包括去除无效数据、数据空间化、统一坐标系、统一栅格大小、重采样、裁剪等。

第5章 海上交通风险因素分析

海上交通作为全球贸易和物流的重要组成部分，扮演着连接各大洲，促进经济发展的关键角色。然而，海上交通也伴随着一系列潜在的风险因素，如恶劣天气、人为失误、船舶质量问题等，这些因素可能导致事故发生，对船舶、货物和环境造成严重损害。为了有效预防和减少海上交通的风险，定量评价各种潜在风险因素的影响至关重要。通过科学的数据分析和模型建立，我们能够更好地识别并量化各种风险因素对海上交通安全的影响程度，从而采取相应的措施来降低事故发生的可能性，保障海上交通的安全。

本章旨在深入探讨海上交通领域的风险因素，通过定量评价的方法，系统分析各种潜在风险因素的特点、相互关联以及对海上交通安全的影响。首先，从全球综合航运信息系统数据库收集了2001—2020年期间的全球海事事故数据。任何有缺的记录均被更正或剔除。此外，原始数据集总共包含了22个字段，其中许多字段被发现与本研究无关或无法使用，并随后被移除。因此，经过上述数据处理过程后，最终获得了一个包含8338条事故记录和6个相关字段的精炼数据集。本研究使用的6个字段包括事故类型、事故发生时间、初始事件、船舶类型、纬度和经度。对事故属性信息进行描述性统计分析，以探索海事事故的一般特征。

5.1 海上交通事故特征分析

图5.1展示了自2001年以来全球海上交通事故数量的变化趋势。过去20年间，尽管有一些波动，但总体上海上事故数量一直维持在相对较高水平。然而，2020年的数据出现了一个引人注目的变化：海上交通事故数量显著下降。这一变化的主要原因在于全球范围内新冠疫情对经济和贸易活动的巨大冲击。值得注意的是，全球90%的贸易是通过海运完成的。然而，新冠疫情导致海上运输领域供应链中断、工人短缺以及港口关闭等一系列问题，进而使得全球航运量急剧下降。尽管这给全球经济带来严重影响，但同时也带来一些积极的变化。新冠疫情限制了贸易活动，减少了船舶在海上的频繁往来，从而海上交通事故的发生机会大大降低。

第5章 海上交通风险因素分析

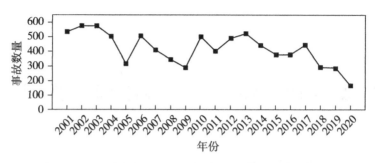

图 5.1 GISIS 数据库 2001—2020 年海上交通事故数量分布

这一变化不仅凸显了全球性事件对海上运输业的深远影响，也带来重要启示。在未来，我们需要更加重视全球性事件对海上交通安全的影响，并采取相应的措施来保障海上运输的安全性和可持续性。这包括加强国际合作，制定更加灵活的应对措施，以及提高船舶和港口设施的安全标准，从而确保全球海上贸易的顺畅和安全。

国际海事组织建立的全球综合航运信息系统数据库收集了非常严重事故、严重事故、较严重事故这三种等级的历史海上事故数据。通过对该数据库中过去 20 年数据的深入分析，发现非常严重事故和严重事故在海事事故总数中占据主导地位，分别占 48.9% 和 41.2%，而较严重事故的比例较低，仅占 9.9%，如图 5.2 所示。这一趋势反映了海事安全领域仍然存在的严重挑战。进一步针对近五年为一个时间段的比例变化进行分析后发现，非常严重事故的比例呈现上升趋势，这可能是海上运输量增加和技术复杂性增加所造成的。严重事故的比例呈现下降趋势，这可能由于海事安全标准和监管措施的改进，以及技术和培训水平的提高。然而，尽管较严重事故在各个时间段中的占比始终较低，但仍然不容忽视。即使是轻微事故也可能对环境和人员安全造成不良影响，因此需要持续地关注和改进。这些发现反映了加强海

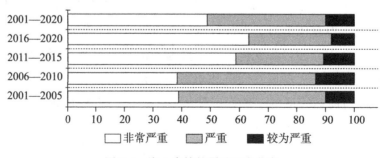

图 5.2 海上事故的严重程度分布

洋监管和提高应急救援能力急需解决的问题。

海上事故的发生给船舶和人员带来了严重的风险和损失,因此预防和调查海上事故,并确定事故原因至关重要。图 5.3 显示了不同事故原因的占比。在 2001 年至 2020 年期间,造成海上交通事故最常见的原因是碰撞、搁浅和火灾或爆炸,分别占 22.1%、19.7% 和 16.7%。此外,本研究还将一些事故类型(如船体故障和失踪)定义为"其他"组,该组覆盖了总事故数的 19.8%。

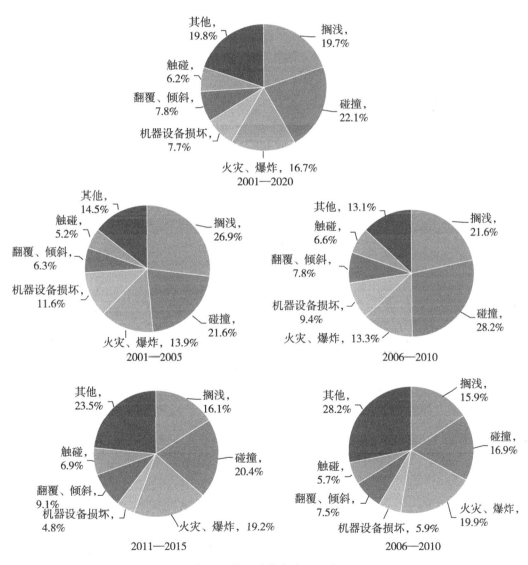

图 5.3　海上事故各类原因占比

进一步观察四个时间段内的事件原因分布,可以发现部分事故类型的比例(如搁浅)逐渐减少,而标记为"其他"的事故数量则呈增长趋势。这表明海上交通事故的发生原因变得更加复杂,需要更深入的研究和细致的调查来确定发生这种变化的根本原因。这种变化可能受到多种因素的影响,包括技术发展、航运环境的变化、人为因素等。

另外,根据涉及的船舶类型对全球海上交通事故进行分析。图5.4的数据显示,从2001年到2020年,杂货船最容易发生事故(24.9%),渔船、散货船、油轮和集装箱船涉及的事故数量也相对较高,分别占所有事故的10%以上。此外,"其他"组(如水泥运输船、海洋调查船、施工船等)在海上交通事故中也占有相对较大的比例(16.4%)。

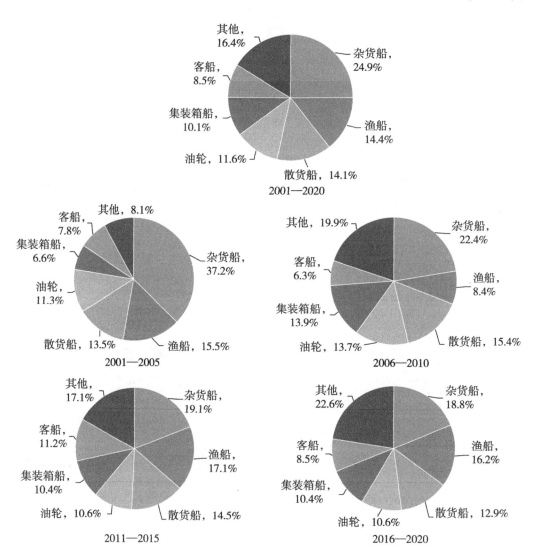

图5.4 涉事船舶类型占比

进一步观察每5年全球海上事故的船舶类型分布，发现杂货船的比例逐渐下降，而"其他"组则呈上升趋势。这表明随着海洋活动的日益多样化，涉及海事事故的船舶类型也在逐渐增加，这导致搜救行动的复杂性进一步增加。

因此，针对不同类型的船舶和事故原因采取适当的预防措施和应急响应是非常必要的。具体可能包括改进船舶设计、加强船员培训、制定更严格的航行规定和监管措施，以及提高海洋应急救援能力等。综合考虑船舶类型和事故发生的分布情况，可以有针对性地制定措施，有效降低海上交通事故的发生率，从而达到保护海洋环境和保障人员安全的目的。

5.2 海上交通风险因素分析

船舶海上航行环境错综复杂，影响船舶海上航行安全的因素众多，主要包括技术故障（船舶导航系统或操作系统故障等）、海洋环境条件（气象、水文条件等）、社会环境因素（海盗和经济纠纷等）、人为操作不当等（Bowditch, 2002; Guard, 2012; Sahin, Kum, 2015; Khan et al., 2018; Qian et al., 2020）。为了综合评价这些因素对船舶海上航行安全的影响，风险这一概念被引入海上交通领域，用于分析海上事故风险（Zhang et al., 2013b; Goerlandt, Montewka, 2015; Fan et al., 2020）。海上事故风险可以定义为船舶在海上航行的过程中发生危险事故或异常事件的可能性（Hu et al., 2007）。一般而言，充分识别海上事故相关风险因素，可以得到更好的风险评价结果（Goerlandt, Montewka, 2015; Hoque et al., 2018）。根据已有的研究成果，风险可以视为由灾害危险性和承灾脆弱性两个维度构成，具体公式如下（Masood and Takeuchi, 2012; Li and Guo, 2013; Eini et al., 2020; 毕佳等, 2021）：

$$R = H \times V \tag{5-1}$$

式中，R 代表风险性，H 代表危险性，V 代表脆弱性，符号"×"代表危险性和脆弱性的增加将导致更高的风险。

在此背景下，本研究从风险视角出发，综合考虑危险性和脆弱性，分析影响海上交通安全的因素，并识别主要影响因素。由于内部原因（如船舶的技术故障和人为操作错误）对船舶海上航行安全的影响有着高度不确定性，在空间上直接进行定量表征十分困难（Qian et al., 2020）。因此，本研究重点关注海洋环境与社会环境因素（地形环境、水文气象环境等）对船舶海上航行安全的影响，并进行综合风险分析和量化。

5.2.1 危险性因素分析

危险性可以理解为可能造成人员伤亡、财产损失、生态破坏、环境污染和社会混乱等的过程或现象(Zhou, 2020b)。事实上,已有许多不同的危险源威胁着海上船舶的航行安全。通过回顾已有文献并分析南海独特的气候特征和地理位置(Balmat et al., 2009; Mokhtari et al., 2011; Wang et al., 2014; Sahin, Kum, 2015; Zhang et al., 2016; Khan et al., 2018; Tian et al., 2018),海上交通的危险性因素主要包括以下6类:水深、热带气旋、海风、海浪、能见度、海盗与武装抢劫。

(1)水深。水深是船舶海上航行不可缺少的因素,对船舶的航行安全有着重要影响。只有达到一定要求的水深,船舶才能够在海上安全航行。船舶在低水深海域内航行极易导致船舶搁浅或触礁。

(2)热带气旋。热带气旋是产生于热带洋面上的一种强大而深厚的低压涡旋,被广泛认为致命的气象灾害之一。热带气旋会对海上船舶航行安全和人身安全造成巨大威胁和危害(Bakkensen, Mendelsohn, 2019)。通常,热带气旋的频率和压力影响着区域内的灾害强度(Nguyen et al., 2019)。

(3)海风。海风对海上航行的影响包括两个方面:一是使船舶在航行中向下风向漂移;二是使船舶发生偏荡(王加胜,2014)。具体而言,在风速较小时,逆风减速,而顺风加速;在风速较大时,不论风向如何均会使得船舶航速减小;在船速和风速相近时,则会同时影响船速和航向,使得船舶发生偏荡,从而提高了船舶操纵的难度(Briggs et al., 2003)。

(4)海浪。海浪是一种普遍的海洋波动现象,也是影响船舶航行安全的重要因素。较大的海浪会导致航行中的船舶发生摇晃、偏荡、失速等现象(Briggs et al., 2003)。而且当船舶顶浪航行时,持续的浪击则会伤害船体的结构,浪大时可能会导致船体发生断裂。

(5)能见度。航运业的高速发展促使船舶数量成倍增加,同时船舶开始朝着大型化、高速化、智能化的方向转变。但是在能见度不良的情况下,高通航密度极易导致海上碰撞事故的发生,造成生命财产的极大损失和生态环境的严重损害。此外,船舶在能见度有限的情况下航行,也会增加搁浅的可能性。海雾与降雨是影响海上能见度的两个重要因素(Jiang et al., 2016)。

(6)海盗与武装抢劫。目前,海盗与武装抢劫是影响船舶海上航行安全的主要人为危害,并已成为航行安全的重大威胁之一(Lim et al., 2018)。海盗通常在特定海域活动,因而,往往形成一个航行高危险区域。一般而言,发生海盗袭击时,轻者只劫持过往的船舶,抢夺财物,而严重者则会杀害船舶上的人员。

5.2.2 脆弱性因素分析

脆弱性定义了承灾体易受危害影响的程度(Hoque et al.,2019)。为了反映这一特征对海上交通安全的影响,本研究选择了四个关键影响因素:海岸距离、港口距离、岛礁距离和船舶密度。

(1)海岸距离。近岸海域的自然环境和交通条件十分复杂。该海域内的社会经济活动强度远高于远海海域的。此外,海岸线附近海域的船舶更加密集,导致正常行驶和避让在操作上变得更加困难。因此,靠近这些区域的船舶比远离这些区域的船舶受到灾害的影响程度更大(Wang et al.,2014)。

(2)港口距离。港口是海上运输网络中的重要节点,是旅客、货物运输的出发地、目的地,或者是船舶装卸货物并转运的中间地。当港口及其附近海域受到海洋灾害影响时,非常容易扰乱既定的航运计划,滞留人员和货物,从而影响旅游业和海上贸易。

(3)岛礁距离。海洋岛屿或珊瑚礁的海底地形变化很大,例如,离岛礁1.5 km以上,海底水深就有可能超过800 m(干加胜,2014)。而且,当前海上岛礁附近海域的水下地形测量很不充分,有不明暗礁的存在。海洋岛屿或珊瑚礁附近海域复杂的海底地形增加了船舶操作难度,进而增加了该区域内船舶的脆弱性程度(Shi et al.,2014)。

(4)船舶密度。船舶密度的空间格局对事故风险水平有着显著影响。全球范围内船舶数量大幅增加,增加的船舶密度表明了船舶与可能的海洋灾害间有着更多的交互,从而增加了船舶发生事故的可能性(Zhang et al.,2017b)。该指标可以反映受到危险因素影响的承灾体(本研究为船舶)的数量或价值。

5.3 海上交通风险因素定量分析

1. 水深

船舶航行对水深最低的要求称为最小安全水深,通常可以根据船舶的具体参数计算获得。本研究从区域角度出发,将船舶在海上安全航行的水深阈值设为20 m(Wang et al.,2014;Huang et al.,2019a),作为度量水深对船舶安全航行的基准,即船舶在水深大于20m的海域内航行被认为是安全的。而在小于20 m的范围内,水深危险性与水深绝对值呈线性负相关。水深指标的计算公式为:

$$WD_k = \begin{cases} 0, & B_k \leqslant -20 \\ |B_k|, & -20 < B_k < 0 \end{cases} \quad (5\text{-}2)$$

式中，WD_k 表示网格 k 处的水深指数，B_k 表示网格 k 处的水深值。

2. 热带气旋

热带气旋从其压力和频率两个维度来度量。首先，热带气旋的破坏力与其强度相关，一般来说，热带气旋强度可以用中心最大风速或中心最低气压值来表示。本书用热带气旋平均压力来衡量某海域所受热带气旋的危害程度，其计算公式为：

$$TP_k = \frac{\sum_{i=1}^{n} tp_{ik}}{n} \quad (5\text{-}3)$$

式中，TP_k 表示网格 k 处热带气旋平均压力，tp_{ik} 表示第 i 个热带气旋在网格 k 处压力，n 表示一段时期内发生热带气旋的总数量。本研究收集了1980—2019年的热带气旋数据，用于指标计算。

热带气旋频率是表征热带气旋危险性的另一指标，与上述压力指标互为补充，表示某海域发生热带气旋的次数，其计算公式为：

$$TF_k = \sum_{i=1}^{n} tf_{ki} \quad (5\text{-}4)$$

$$tf_{ki} = \begin{cases} 1, & \text{热带气旋 } i \text{ 经过网格 } k \\ 0, & \text{否则} \end{cases} \quad (5\text{-}5)$$

式中，TF_k 表示网格 k 处热带气旋频率，tf_{ki} 表示二元变量，如果第 i 个热带气旋经过网格 k 则为1，否则为0；n 表示一段时期内发生热带气旋的总数量。本研究收集了1980—2019年的热带气旋数据，计算热带气旋频率。

3. 大风频率

达到一定风力强度的海风会对船舶航行安全产生影响。因此，研究统计一段时期内达到一定风力阈值以上的海风次数的比例，并将其定义为大风频率，表示某海域内海风对船舶航行安全的影响。参考已有的研究，将速度大于11.7 m/s 的风定义为大风(Wang et al., 2014)。大风频率的计算公式为：

$$GF_k = \frac{\sum_{j=1}^{m} z_{kj}}{m} \quad (5\text{-}6)$$

$$z_{kj} = \begin{cases} 1, & \text{风速} > 11.7\text{m/s} \\ 0, & \text{否则} \end{cases} \quad (5\text{-}7)$$

式中，GF_k 表示大风频率，z_{kj} 表示二元变量，如果第 j 天有超过 11.7 m/s 的海风经过网格 k 则为 1，否则为 0；m 表示时间阈值内的总天数。本研究利用 2005—2019 年的海风数据，计算指标值。

4. 大浪频率

波浪的大小可以用有效波高来表示，其是指在一段时间内，由多个波浪组成的波群中，将波列中的波高由大到小依次排列，取前 1/3 个波的平均波高，即定义为有效波高。参考已有的研究，将浪高大于 6 m 的浪定义为大浪（Wang et al., 2014）。本研究统计一段时期内发生大浪次数的比例，并将其定义为大浪频率，反映海浪对海上航行安全的影响。大浪频率的计算公式为：

$$\mathrm{BF}_k = \frac{\sum_{j=1}^{m} w_{kj}}{m} \tag{5-8}$$

$$w_{kj} = \begin{cases} 1, & \text{有效波高} > 6\mathrm{m} \\ 0, & \text{否则} \end{cases} \tag{5-9}$$

式中，GF_k 表示大浪频率，w_{kj} 表示二元变量，如果第 j 天有波高超过 6 m 的浪经过网格 k 则为 1，否则为 0；m 表示时间阈值内的总天数。本研究利用 2005—2019 年的海浪数据，计算指标值。

5. 能见度

为了评价能见度对船舶航行的影响，需要系统地考虑雾和降雨的空间分布情况（Jiang et al., 2016）。海雾是造成海上能见度变差的主要因素之一，船舶在海雾中行驶，容易发生偏航、搁浅、碰撞等危险。采用海雾覆盖度来反映海雾对船舶航行安全的影响，其计算公式为：

$$F_k = \frac{\sum_{j=1}^{m} V_{kj}}{m} \tag{5-10}$$

式中，F_k 表示海雾覆盖度，V_{kj} 表示网格 k 在第 j 天的海雾覆盖比例，m 表示时间阈值内的总天数。此外，由于缺乏大范围的海雾数据，参考 Sathiyamoorthy 等（2016）的研究，低层云数据被用于计算海雾覆盖度，使用数据的时间跨度为 2005—2019 年。

降雨是影响海上能见度的另一个重要因素，本研究采用日平均降雨量来表示降雨对船舶航行安全的影响，其计算公式为：

$$P_k = \frac{\sum_{j=1}^{m} P_{kj}}{m} \tag{5-11}$$

式中，P_k 表示日平均降雨量，P_{kj} 表示网格 k 在第 j 天的降雨量，m 为时间阈值内的总天数。本研究利用 2005—2019 年的日降雨量数据，计算指标值。

6. 海盗与武装抢劫频率

海盗与武装抢劫危险程度与其发生频率相关，某海域海盗事件发生频次越多，说明该海域危险性越高。海盗与武装抢劫频率计算公式为：

$$\mathrm{PF}_k = \sum_{l=1}^{h} y_{kl} \tag{5-12}$$

$$y_{kl} = \begin{cases} 1, & \text{海盗事件发生在网格 } k \text{ 处} \\ 0, & \text{否则} \end{cases} \tag{5-13}$$

式中，PF_k 表示海盗与武装抢劫频率；y_{kl} 表示二元变量，如果海盗事件 l 发生在网格 k 处则为 1，否则为 0；h 表示一段时期内发生的海盗事件总数。本研究利用 1999—2019 年的海盗与武装抢劫数据，计算指标值。

7. 海岸距离

距离海岸线越近的海域，海上活动强度越高，易受各种危险影响，船舶脆弱性高。本研究距离利用欧氏距离来表示，则海岸距离计算公式为：

$$D(p_q, p_v) = \sqrt{(x_q - x_v)^2 + (y_q - y_v)^2} \tag{5-14}$$

式中，$D(p_q, p_v)$ 表示海上某点 p_q 到海岸的最短欧氏距离，p_v 表示满足距离最短的海岸线上的点，点 p_q 的坐标为 (x_q, y_q)，点 p_v 的坐标为 (x_v, y_v)。

8. 港口距离

港口附近海域船舶数量较多，海上经济社会活动频繁，因此当船舶航行的位置距离港口越近，则船舶的脆弱性越高。同样，采用欧氏距离表示港口距离，其计算公式为：

$$T(p_q, p_r) = \sqrt{(x_q - x_r)^2 + (y_q - y_r)^2} \tag{5-15}$$

式中，$T(p_q, p_r)$ 表示海上某点 p_q 到港口 p_r 的最短欧氏距离，点 p_q 的坐标为 (x_q, y_q)，点 p_r 的坐标为 (x_r, y_r)。

9. 岛礁距离

岛礁附近海域海底地形复杂，水深变化大，增加了船舶航行的难度。因此越靠近岛礁，船舶脆弱性越大。相似地，采用欧氏距离表示岛礁距离，其计算公式为：

$$W(p_q, p_e) = \sqrt{(x_q - x_e)^2 + (y_q - y_e)^2} \tag{5-16}$$

式中，$W(p_q, p_e)$ 表示海上某点 p_q 到岛礁 p_e 的最短欧氏距离，点 p_q 的坐标为 (x_q, y_q)，点 p_e 的坐标为 (x_e, y_e)。

10. 船舶密度

海上船舶受到危险性影响程度与船舶密度直接相关，密度越大，受到影响的船舶数量越多或价值越大。船舶密度的计算公式为：

$$S_k = \frac{\sum_{c=1}^{g} e_{kc}}{A} \tag{5-17}$$

$$e_{kc} = \begin{cases} 1, & \text{船舶 } c \text{ 位于网格 } k \text{ 处} \\ 0, & \text{否则} \end{cases} \tag{5-18}$$

式中，S_k 表示网格 k 的船舶密度指标值；e_{kc} 为二元变量，如果船舶 c 出现在网格 k 处则为 1，否则为 0；A 表示网格 k 所代表的面积；g 表示时间阈值内船舶数量。

5.4 本章小结

本章基于 GISIS 数据库海上事故数据，对 2001—2020 年海上事故数量趋势、严重程度分布、事故原因和涉事船舶类型等方面展开了深入分析。在了解海上事故特征的基础上，从危险性和脆弱性两个维度，分析不同因素对船舶安全的影响及其定量计算的方法。研究的具体内容和结果如下：

（1）海上事故特征分析。全球海上交通事故数量在 2001 年至 2019 年间呈波动趋势，而在 2020 年出现了显著下降。严重等级事故的比例随着时间的推移呈上升趋势。搁浅、碰撞、火灾/爆炸是 2001—2020 年造成海上交通事故的主要原因，占所有交通事故的 58.5%。杂货船是事故中涉及最多的船只类型（24.9%）。

（2）海上交通风险因素分析。危险性因素是指可能导致人员伤亡、财产损失、生态破坏等危害的过程因子或现象因子。在海上航行中，危险性因素主要包括水深、热带气旋、海风、海浪、能见度、海盗与武装抢劫。脆弱性因素反映了承灾体易受危害影响的程度。本章选取了海岸距离、港口距离、岛礁距离和船舶密度关键影响因素，用于评估船舶在不同环境条件下的脆弱性。这些因素对船舶的安全性和航行稳定性产生重要影响，需要被充分考虑和评估。

第6章 海上事故高发区评价

海上运输是全球远距离贸易往来中最具经济与效率的方式，当前大约 90% 的全球贸易是通过海上运输进行的（Baksh et al., 2018）。然而，全球经济的迅速繁荣不仅带动了海上航运业的快速发展，也对海上交通安全带来了更大的挑战。随着海上船舶尺寸和数量的迅速增加，发生海上事故的可能性也在不断增大，例如碰撞、搁浅、沉没等（Knapp, Heij, 2017; Størkersen et al., 2017）。这些海上事故可能会导致十分严重的后果，涉及人员伤亡、财产损失以及海洋环境的破坏（Heij et al., 2011; Zhou et al., 2019）。因此，近年来船舶海上交通安全日益受到海洋管理部门、航运业和社会的关注，这种日益增长的关注也反映了海上事故风险评价的重要性（Huang et al., 2019a）。现有研究极大地丰富了海上事故风险评价领域的研究内容，促进了该领域的相关理论和方法的发展，但目前关于海上事故风险评价研究主要是采用海事报告和统计方法（Zhang et al., 2019）。尽管此类研究对于提高海上事故风险认知有着一定的帮助，但是已有的研究方法不足以在空间尺度上充分呈现风险信息，而详细理解风险驱动因素及综合风险在空间的分布特征，对于制定降低海上事故风险的策略十分重要。因此，需要提出一种空间方法来评价船舶在海洋环境中的航行风险，这对保障船舶海上航行安全十分重要。

南海海域辽阔，是全球海上交通运输业发达的区域之一。该海域不仅有密集的海上贸易活动，而且其地理海洋环境也十分复杂多变。近年来，南海海域内愈发频繁的航运活动与复杂多变的海洋环境相互影响，导致南海海上事故数量不断增加。过去十年间，与全球其他海域相比，南海海上交通事故导致的损失最为严重（Weng et al., 2018）。因此，本研究选择南海作为研究区，分析南海海上事故风险的空间分布特征，识别南海海上事故高发区域，研究结果对规划船舶航行路径与配置应急资源有重要的应用价值。

本章将建立一种综合考虑危险性和脆弱性的海上事故高发区评价模型，共分为四节。首先，从危险性和脆弱性两个视角，分析影响海上交通安全的因素，并识别主要影响因素；然后，根据选择的主要风险因素，建立海上事故高发区评价指标体系，并构建海上事故高发区评价模型；接着，应用建立的模型分析南海海上事故风险空间分布特征,识别海上事故高发区域;最后,归纳本章的主要内容和结果。

6.1 海上事故高发区评价模型

本研究构建了一种综合考虑危险性和脆弱性的南海海上事故高发区评价模型,用来分析海上事故风险的空间分布特征,识别海上事故高发区域。该模型主要包括评价指标体系建立与指标量化计算、评价指标风险等级标准化、权重计算和综合风险地图生成四个步骤。图6.1为海上事故高发区评价模型流程图。首先,通过分析海上事故风险因素,识别主要影响因素,建立评价指标体系,并采用地理空间分析技术对每个指标进行量化计算,同时进行空间化后存入空间数据库;其次,确定指标阈值,对各指标的风险等级进行标准化;然后,利用模糊层次分析法(FAHP)对各个指标进行赋权(Hoque et al., 2019; Li et al., 2019);最后,构建综合评价模型,并利用该模型分别生成危险性空间分布图、脆弱性空间分布图及综合海上事故风险空间分布图。

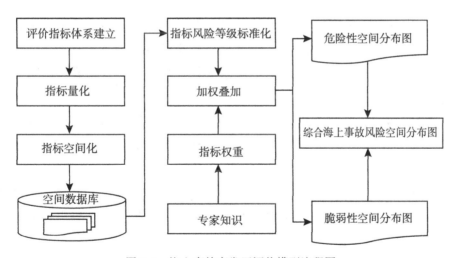

图 6.1 海上事故高发区评价模型流程图

研究中用于计算评价指标的数据来源众多,主要包括政府机构、商业机构、国际组织等。其中一些选定的指标数据是动态的,因为用于计算它们的数据集会不断更新,例如低云量、风速、有效波高。因此,在进行指标量化这一步骤中,本研究通过使用多年数据的平均值来映射这些指标数值,从而揭示这些指标之间的综合特征。

6.1.1 指标体系建立与量化

1. 指标选择原则

建立指标体系是评价海上事故风险的基础。评价指标体系是多个互相关联、相互补充的指标,按照一定的层次结构构成的统一整体(杜栋等,2008)。指标选择过少,无法准确反映海上事故风险的分布情况;而指标选择过多,则会产生数据冗余和干扰。建立一个合适的指标体系能极大地提高评价结果的准确度。通常,评价指标体系的建立需要依据以下原则:

(1)目的性原则。要明确研究目标,并以其为中心来选择指标,且所有选择的指标能够从多个方面多个角度反映研究对象各组成部分的特点,从而进行综合分析和评价。

(2)科学性原则。评价指标的确定要坚持以科学性为原则,能客观真实地反映研究对象的特征,各评价指标富有代表性,而且每个指标须简洁易懂,数据容易获得且量化方法可行。

(3)系统性原则。在建立指标体系过程中需要坚持系统性,根据系统的思想厘清各指标的联系,做到通盘兼顾。指标间要有一定的逻辑关系,它们彼此独立,又相互联系;并且构建的指标体系必须具备层次性,自上而下,形成一个不可分割的评价体系。

(4)简明性原则。选择的指标应该基本包括为完成评价目标所需的大部分内容,不能过于细致,相互重复,导致数据冗余,耗费人力财力;也不能过于简单,避免信息丢失,出现错误。

(5)全面性原则。许多因素会影响评价目标,它们因素彼此联系,相互影响,因而指标的选取要全面,一些因素的丢失,可能会导致最终的结果出现偏差,甚至可能得到错误的结果。

(6)可比、可操作性原则。指标选择上,应该满足可比性,即指标的计算维度和量化方法需要符合一致性要求。各指标的内涵应该十分清晰明白,计算所需的数据便于收集,能进行量化处理,易于进行操作计算和分析。

2. 评价指标体系的选择与量化

评价指标体系的建立与量化是开展海上事故风险评价的关键一步。基于第5章的海上事故风险因素分析,并按照评价指标体系的选择原则,研究进一步建立了南海海上事故高发区评价指标体系。建立的评价体系包括2个准则层、10个评价因素，共12个评价指标，具体指标体系如表6-1所示。其中，热带气旋和能见度对海上交通安全的影响均由2个评价指标共同表征。

表6-1　　　　　　　　南海海上事故高发区评价指标体系

评价目标	准则	评价因素	评价指标
海上事故风险	危险性	水深	水深
		热带气旋	热带气旋压力
			热带气旋频率
		海风	大风频率
		海浪	大浪频率
		能见度	海雾覆盖度
			平均降雨量
		海盗与武装抢劫	海盗与武装抢劫频率
	脆弱性	海岸距离	海岸距离
		港口距离	港口距离
		岛礁距离	岛礁距离
		船舶密度	船舶密度

6.1.2 指标风险等级标准化

为应用空间加权叠加技术，将所有指标数据转换为1km×1km的栅格数据格式，并进一步将所有指标按阈值划分为五级，其中1表示非常低的风险，5表示非常高的风险，即从1到5风险等级越来越高。参考相关文献的研究结果（Wang et al., 2014；Nguyen et al., 2019；Zhou et al., 2019）和南海地理环境特征，表6-2给出了每个指标的分级取值范围。

表6-2　　　　　　　基于船舶航行风险贡献的指标风险等级划分标准

指　　标	风　险　水　平				
	非常低（1）	低（2）	中（3）	高（4）	非常高（5）
水深（m）	16~20	12~16	8~12	4~8	0~4
热带气旋压力（mbar）	>1010	1000~1010	990~1000	980~990	<980
热带气旋频率（次）	<10	10~30	30~40	40~50	>50

续表

指标	风险水平				
	非常低(1)	低(2)	中(3)	高(4)	非常高(5)
大浪频率	0~20%	20%~40%	40%~60%	60%~80%	80%~100%
大风频率	0~20%	20%~40%	40%~60%	60%~80%	80%~100%
海雾覆盖度	0~20%	20%~40%	40%~60%	60~80	80%~100%
平均降雨量(mm)	0~4	4~8	8~12	12~16	16~20
海盗与武装抢劫频率	<2	2~3	3~4	4~5	>5
海岸距离(km)	398~581	284~398	180~284	82~180	0~82
港口距离(km)	417~594	302~417	200~302	107~200	0~107
岛礁距离(km)	650~1091	350~650	200~350	100~200	0~100
船舶密度(个/km²)	<20	20~100	100~200	200~600	>600

6.1.3 FAHP权重计算

一般而言，指标权重计算方法可以划分为主观赋权法与客观赋权法。其中，客观赋权法主要利用足够的样本数据来计算，难以反映决策者的偏好。主观赋权法在依据决策者意图确定权重具有更大的优势，但其又具有较大的模糊性(王加胜，2014)。考虑到专家赋权过程中的模糊性，本研究采用Calabrese等(2013)提出的模糊层次分析(FAHP)法，邀请海事领域专家，计算海上事故高发区评价指标的权重。

FAHP法是一种将模糊数学与层次分析法相结合的方法，能更好地处理评价过程中专家偏好的模糊性及精确性问题(Kwong，Bai，2003)。该方法用三角模糊数表示专家在两指标间的比较结果，每一个三角模糊数都包括三个值(l_{ij}，m_{ij}，u_{ij})。其中，l_{ij}表示最小值，m_{ij}表示最可能值，u_{ij}表示最大值。通过专家对指标的重要性进行两两比较，创建一个基于三角模糊转换尺度的两两比较矩阵，进而计算各指标权重。

FAHP方法包括以下步骤(Calabrese et al.，2013)：

步骤1：构造两两比较矩阵

邀请相关研究领域专家对选择的所有指标进行两两比较判断，并采用三角模糊数表示比较结果。表6-3为指标两两比较的三角模糊转换标度。一般而言，假设当指标A与指标B比较的结果是m时，则指标B与指标A的比较结果为$1/m$。将所有指标两两比较结果用矩阵形式表达，即可以得到两两比较矩阵$\tilde{A}$。

表 6-3　　　　　　　　　三角模糊转换标度（Chang，1996；Lee，2010）

重要等级	三角模糊标度值	三角模糊标度倒数值
同样重要	(1, 1, 1)	(1, 1, 1)
稍重要	(1, 3/2, 2)	(1/2, 2/3, 1)
明显重要	(3/2, 2, 5/2)	(2/5, 1/2, 2/3)
强烈重要	(2, 5/2, 3)	(1/3, 2/5, 1/2)
极端重要	(5/2, 3, 7/2)	(2/7, 1/3, 2/5)

$$\widetilde{A} = (\widetilde{a}_{ij})_{n \times n} = \begin{bmatrix} (1, 1, 1) & \cdots & (l_{1n}, m_{1n}, u_{1n}) \\ \vdots & & \vdots \\ (l_{n1}, m_{n1}, u_{n1}) & \cdots & (1, 1, 1) \end{bmatrix} \quad (6\text{-}1)$$

其中，

$$\widetilde{a}_{ij} = (l_{ij}, m_{ij}, u_{ij}), \ (\widetilde{a}_{ij})^{-1} = \left(\frac{1}{u_{ji}}, \frac{1}{m_{ji}}, \frac{1}{l_{ji}}\right), \ i, j = 1, 2, \cdots, n; \ i \neq j \quad (6\text{-}2)$$

步骤 2：一致性检验

在进行指标重要性比较过程中，专家的判断可能会出现不一致情况。例如，有指标 A、B、C，专家判断 A 比 B 重要，B 比 C 重要。理论上指标 A 比 C 重要，但专家的比较结果是 C 比 A 重要。因此，为了避免此类情况，需要对专家建立的两两比较矩阵进行一致性检验。当检验不通过时，则需要重新建立比较矩阵。首先，采用重心去模糊法（Yager，1981），将模糊比较矩阵转化为一般比较矩阵。转换公式为（Wang，Elhag，2007a）：

$$a_{ij}(\widetilde{a}_{ij}) = \frac{l_{ij} + m_{ij} + u_{ij}}{3}, \quad i, j = 1, 2, \cdots, n \quad (6\text{-}3)$$

接着，利用一致性比率 CR 来判断比较矩阵的一致性。其计算公式如下：

$$\text{CI} = \frac{\lambda_{\max} - n}{n - 1} \quad (6\text{-}4)$$

$$\text{CR} = \frac{\text{CI}}{\text{RI}} \quad (6\text{-}5)$$

式中，CI 为偏离一致性指标，$\lambda_{\max}$ 为两两比较矩阵的最大特征根，n 为指标的数量，RI 表示两两比较矩阵的随机一致性指标，RI 值如表 6-4 所示。

表 6-4　　　　　　　　　　　随机一致性指标 RI 标准值

n	3	4	5	6	7	8	9	10	11
RI(n)	0.58	0.9	1.12	1.24	1.32	1.41	1.45	1.51	1.53

当一致性比率 CR<0.1 时，两两比较矩阵满足一致性要求（Forman，1990），否则需要重新构建比较矩阵，直到满足一致性条件为止。

步骤 3：层次单排序

将通过一致性检验的模糊两两比较矩阵按行求和，再将结果进行标准化：

$$\widetilde{RS}_i = \sum_{j=1}^{n} \tilde{a}_{ij} = \left(\sum_{j=1}^{n} l_{ij}, \sum_{j=1}^{n} m_{ij}, \sum_{j=1}^{n} u_{ij} \right), \quad i = 1, 2, \cdots, n \tag{6-6}$$

$$\widetilde{S}_i = \frac{\widetilde{RS}_i}{\sum_{j=1}^{n} \widetilde{RS}_j}$$

$$= \left(\frac{\sum_{j=1}^{n} l_{ij}}{\sum_{j=1}^{n} l_{ij} + \sum_{k=1, k \neq i}^{n} \sum_{j=1}^{n} u_{kj}}, \frac{\sum_{j=1}^{n} m_{ij}}{\sum_{k=1}^{n} \sum_{j=1}^{n} m_{kj}}, \frac{\sum_{j=1}^{n} u_{ij}}{\sum_{j=1}^{n} u_{ij} + \sum_{k=1, k \neq i}^{n} \sum_{j=1}^{n} l_{kj}} \right)$$

$$= (l_i, m_i, u_i), \quad i = 1, 2, \cdots, n \tag{6-7}$$

则指标的权重计算公式为：

$$w_i = S_i(\widetilde{S}_i) = \frac{l_i + m_i + u_i}{3}, \quad i = 1, 2, \cdots, n \tag{6-8}$$

设权重向量为 $W = (w'_1, w'_2, \cdots, w'_n)$ 代表各指标权重，经标准化后，标准指标权重向量为：

$$W = (w'_1, w'_2, \cdots, w'_n) \tag{6-9}$$

步骤 4：层次总排序

当完成对指标体系中每个层次的单排序后，层次总排序是通过将其局部权重乘以沿层次结构的子标准相应局部权重来计算获得的。此外，有时为了使计算的指标权重更加合理，通常会邀请多个相关领域专家共同参与指标权重的计算。此时，整个评价过程中会得出多个比较矩阵，即每个专家一个。因此，当某个评价目标的权重计算过程中，有多个专家参与时，则在应用步骤 1~4 之前，有必要将它们合成为一个比较矩阵，计算方法如下（Chang，1996；Wang，Elhag，2007a）：

$$\overline{\tilde{a}}_{ij} = \frac{1}{m} \sum_{k=1}^{m} \tilde{a}_{ij}^{k} = \left(\frac{1}{m} \sum_{k=1}^{m} l_{ij}^{k}, \frac{1}{m} \sum_{k=1}^{m} m_{ij}^{k}, \frac{1}{m} \sum_{k=1}^{m} u_{ij}^{k} \right),$$

$$i, j = 1, 2, \cdots, n; \quad j \neq i \tag{6-10}$$

$$\tilde{a}_{ij}^{k} = (l_{ij}^{k}, m_{ij}^{k}, u_{ij}^{k}) \tag{6-11}$$

$$(\tilde{a}_{ij}^{k})^{-1} = \left(\frac{1}{u_{ji}^{k}}, \frac{1}{m_{ji}^{k}}, \frac{1}{l_{ji}^{k}}\right) \tag{6-12}$$

本研究邀请了国内两所大学的七位海事专家建立了模糊比较矩阵，进而利用 FAHP 方法获得每个指标的权重值。表 6-5 显示了计算获得的每个指标的权重值和一致性比率。首先，在危险性准则层中，热带气旋压力的权重最大，为 0.19。其次是热带气旋频率，为 0.18，说明了热带气旋对船舶航行安全的危害性最大。此外，水深、大浪频率、大风频率的权重依次降低，但对船舶航行安全也有明显影响，而海盗与武装抢劫频率、平均降雨量、海雾覆盖度的权重排列靠后，影响相对较低。对于脆弱性准则层而言，船舶密度的权重最大，为 0.41，接近一半，说明海上船舶密度对脆弱性的影响极大；港口距离紧随其后，权重值为 0.27，海岸距离和岛礁距离的权重相近，分别为 0.17 和 0.15。根据一致性比率的计算结果，可以发现成对比较矩阵符合一致性要求，因为 CR 分别等于 0.04 和 0.02（低于阈值 0.1）。

表 6-5 指标权重值

风险组分	指标	权重	一致性比率 CR
危险性	水深	0.16	0.04
	热带气旋压力	0.19	
	热带气旋频率	0.18	
	大风频率	0.11	
	大浪频率	0.14	
	海雾覆盖度	0.06	
	平均降雨量	0.07	
	海盗与武装抢劫频率	0.09	
脆弱性	海岸距离	0.17	0.02
	港口距离	0.27	
	岛礁距离	0.15	
	船舶密度	0.41	

6.1.4 综合评价模型

根据海上事故风险定义，首先在 ArcGIS 软件平台上借助栅格计算器分别计算危险性指数和脆弱性指数。进而,将两个指数进一步划分为五类(非常低、低、中等、高、非常高),以生成危险性和脆弱性空间分布图。指数计算公式如下:

$$Z_c^{\text{index}} = \sum_{i=1}^{n} w_{ci} * x_{ci} \quad (6\text{-}13)$$

式中,Z_c^{index} 是风险组分 c 的指数值,c 代表危险性或脆弱性,w_{ci} 是风险组分 c 的指标 i 的权重值,所有指标权重和必须为 1,x_{ci} 是风险组分 c 的指标 i 的值。

然后,根据海上事故风险的定义。利用栅格计算器将危险性指数和脆弱性指数相乘得到海上事故风险指数,并同样利用自然间断点法将风险指数分为 5 类(非常低、低、中等、高、非常高),形成综合风险图。其中,高与非常高风险区域视为海上事故高发区域。海上事故风险指数的计算公式如下:

$$\text{MTR}^{\text{index}} = Z_{\text{hazard}}^{\text{index}} \times Z_{\text{vulnerability}}^{\text{index}} \quad (6\text{-}14)$$

式中,$\text{MTR}^{\text{index}}$ 是海上事故风险指数,$Z_{\text{hazard}}^{\text{index}}$ 是危险性指数,$Z_{\text{vulnerability}}^{\text{index}}$ 是脆弱性指数。

6.2 南海海上事故风险评价结果与分析

6.2.1 评价指标空间分布特征

根据各风险指标的量化方法,在数据经过预处理后,利用 ArcGIS 软件平台提供的空间分析技术将各因素指标生成空间图层。采用的空间分析技术包括栅格计算、距离分析、重分类、重采样、空间统计等。

1. 水深空间分布特征

水深对船舶航行具有重要影响。船舶在航行过程中,水深的变化直接影响着船舶的安全性和航行效率。较深的水域通常能够容纳更大吨位的船舶,提供更大的航行空间,有利于船舶的安全航行。相反,较浅的水域则限制了船舶的通行,增加了船舶搁浅的风险,特别是在航道狭窄或复杂地形的区域,更容易出现搁浅事故。因此,水深的变化不仅影响船舶的通行能力,还直接影响着船舶航行的安全性和效率。

王加胜(2014)指出南海海域整体上呈现出北部较浅、南部较深的地貌特征,其平均水深约为 1100m,最大水深可达到 5567m。针对水深对船舶航行安全的影响,本文参考了 Wang 等(2014)的研究,并结合了南海海域内船舶的整体特征进行了深入分析。

首先,根据设定的阈值(20m),将水深对船舶航行安全分为两类:无影响海域

(水深小于-20m)和有影响海域(水深大于-20m)。其次,根据风险等级标准化表(详见表6-2),将有影响海域进一步分为5个不同的等级。图6.2展示了南海海域水深的空间分布情况(彩色效果见附录八彩图6.2)。研究结果显示,尽管南海的大部分海域内航行时水深符合安全航行的要求,但在琼州海峡、越南南部区域、北部湾海域以及新加坡附近海域,水深较浅,从而增大了船舶的航行风险。此外,受珊瑚礁分布的影响,西沙、中沙、东沙和南沙等群岛所在海域的水深也较浅,为船舶航行带来额外的挑战和风险。

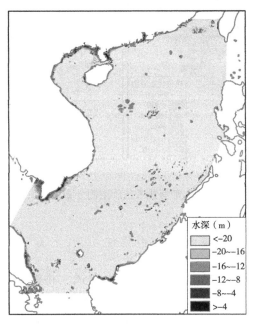

图6.2 南海水深空间分布示意图

2. 热带气旋空间分布特征

热带气旋的出现会严重影响船舶航行的安全。研究从热带气旋的压力与频率两个角度评价其对船舶航行安全的影响。南海热带气旋压力的空间分布特征如图6.3(a)所示(彩色效果见附录八彩图6.3)。结果表明南海热带气旋压力对船舶航行安全的影响主要分布在南海的北部和中部,尤其是北部,大部分海域的危险性级别达到5级。整体上,热带气旋压力的危险性分布呈现出由东北向西南压力逐渐降低。南海热带气旋频率的空间分布特征如图6.3(b)所示。与压力的空间分布特征相似,热带气旋频率空间分布也呈现出由东北向西南逐渐降低的变化趋势,东北海域的热带气旋频率极高、部分区域的危险性级别达到5级,而西南海域的热带气旋频率则相对较低，危险性也相对较低。

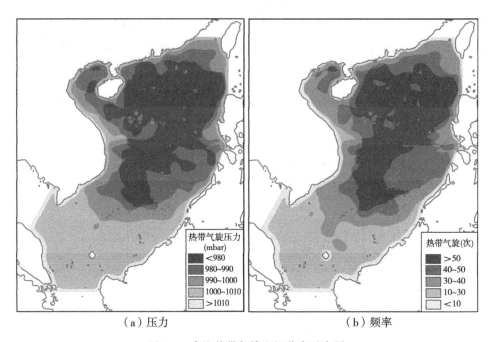

（a）压力　　　　　　　　　　　　（b）频率

图6.3　南海热带气旋空间分布示意图

3. 大浪频率与大风频率空间分布特征

本研究将速度大于11.7 m/s的风定义为大风，将浪高大于6 m的浪定义为大浪。因此，当海域内某一位置一天中任一时刻的海浪有效波高超过大浪的阈值时，则该位置该天视为被大浪覆盖，大风也以同样的方式进行统计计算。图6.4(a)显示了南海大浪的空间分布特征(彩色效果见附录八彩图6.4(a))。可以发现，南海东北部大浪危险性极高，达到5级，而北部湾海域危险性极低，处于1级危险性水平。从整体分布形态来看，南海海域大浪危险性分布显示出从东北向西南递减的变化趋势。在南海南部海域，大浪危险性极低。南海大风空间分布如图6.4(b)所示(彩色效果见附录八彩图6.4(b))。可以发现，整体上南海大风频率从东北向西南呈现出"递减—递增—递减"的空间分布特征。在南海东北部的台湾海峡和巴士海峡附近海域，以及越南东南部海域均为大风极高危险性区域，而南海南部与东南部海域的大风危险性极低。

4. 海雾覆盖度与平均降雨量空间分布特征

海上能见度对船舶航行安全至关重要。当海上能见度不够时，船舶面临的碰

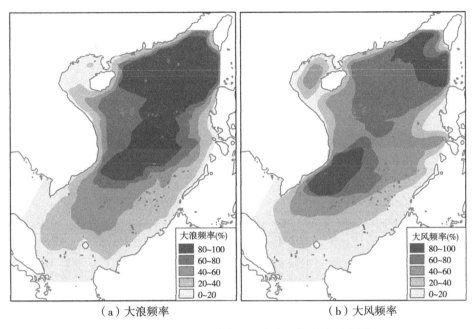

(a) 大浪频率　　　　　　　　　(b) 大风频率

图 6.4　南海大浪频率与大风频率空间分布示意图

撞、搁浅等事故的潜在风险增加。海雾和降雨是两个主要影响海上能见度的因素（Jiang et al., 2016）。南海海域的海雾分布特征如图 6.5(a)所示（彩色效果见附录八彩图 6.5(a)）。结果表明，南海北部的海雾覆盖度相对较高，而随着向南方向的移动，海雾的影响逐渐减弱。整体上，南海海域的海雾危险性呈现出从北向南逐渐减小的空间分布趋势。另外，南海的平均降雨量空间分布如图 6.5(b)所示（彩色效果见附录八彩图 6.5(b)）。研究结果显示，菲律宾与马来西亚近岸海域的降雨量较高，这对海上船舶航行的影响更为显著。总体而言，除了北部湾部分海域外，南海西北部海域的降雨量相对较少，因此其航行危险性较低；而东南海域的降雨量较大，因此其航行危险性相对较高。鉴于南海海域的海雾和降雨对船舶航行安全有着重要影响。船舶在航行过程中需要密切关注海上能见度的变化，及时调整航行计划和采取相应的航行措施，确保船舶和船员的安全。

5. 海盗与武装抢劫频率空间分布特征

海盗与武装抢劫的存在严重威胁着海上船舶的安全。这些暴力事件往往会导致人员伤亡和财产损失，对海上贸易造成严重影响。图 6.6 显示了南海海盗与武装抢劫频率空间分布特征（彩色效果见附录八彩图 6.6）。可以发现，海盗与武装抢劫事件的发生具有明显的区域性，主要发生在马六甲海峡附近海域。该海峡是众多出入南海海域船舶的必经之路。因此，海盗在此海域的活动十分频繁，对船舶海上航行

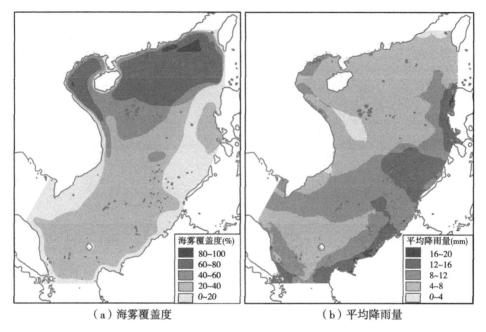

图 6.5 南海海雾覆盖度与平均降雨量空间分布示意图

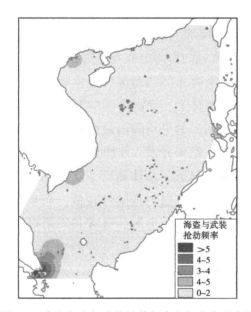

图 6.6 南海海盗与武装抢劫频率空间分布示意图

安全的影响很大,危险性很高。除了马六甲海峡附近,在红河和湄公河河口区域也有部分海盗袭击事件分布,这些地区通常是船只停靠或经过的重要区域,海盗可能会选择在这些地方袭击。建议在这些区域航行的船舶密切关注安全情报和警报,确保船上的通信设备畅通无阻,以便在遇到紧急情况时及时求助。同时,船舶应该加强与周边海上搜救力量的联系,确保在遇到突发情况时能够及时获得援助和支持。

6. 海岸距离、港口距离与岛礁距离空间分布特征

图 6.7 分别显示了海岸距离、港口距离与岛礁距离的空间分布特征。南海海岸距离与港口距离的空间分布形态相似,如图 6.7(a) 和图 6.7(b) 所示(彩色效果见附

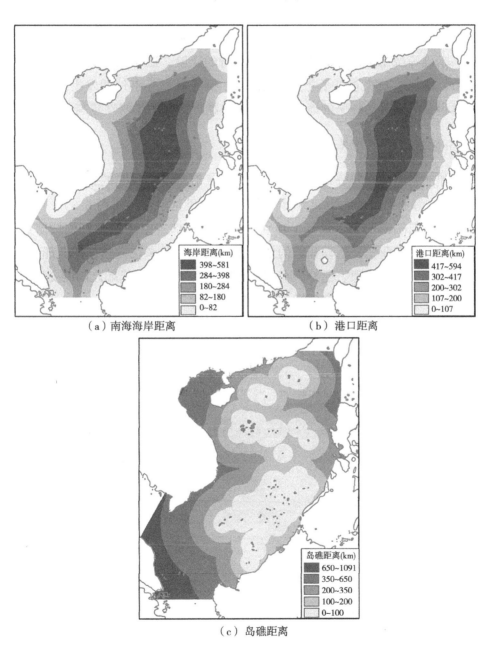

图 6.7 南海海岸距离、港口距离与岛礁距离空间分布示意图

录八彩图 6.7),其最远距离分别为 581 km 与 594 km。这些区域往往交通繁忙,船舶通行密集,同时也容易受到来自陆地和港口的各种影响,例如水域的地形地貌、导航标志的设置、潮汐和海流等因素。这些因素都增加了船舶在这些区域航行时的复杂性,越靠近海岸线和港口附近海域,船舶脆弱性越强,需要慎重规划船舶航线,提高警觉性,以确保航行安全。南海岛礁距离空间分布如图 6.7(c) 所示。南海岛礁众多,岛礁距离则呈现出以四大群岛(西沙、东沙、中沙、南沙)为圆心的圆环分布特征,这些岛礁也成为船舶航行中的一大障碍。岛礁附近的海域往往水深较浅,存在礁石、暗礁等潜在障碍物,增加了船舶航行的风险。船舶在接近岛礁时需要格外小心谨慎,确保船舶航道的安全,避免碰撞、搁浅等意外事件的发生。岛礁周围的水域通常也是海上活动频繁的地区,距离岛礁越近,船舶脆弱性越高。

7. 船舶密度空间分布特征

南海船舶密度的空间分布特征是了解该地区航行安全状况的重要指标之一。图 6.8 显示了南海船舶密度的空间分布特征(彩色效果见附录八彩图 6.8)。可以发现,南海近岸海域船舶密度明显较高,特别是在中国南部近岸海域和新加坡附近海域。这些区域通常是商业贸易活动频繁的地方,有大量船只来往穿行,因此船舶密度较大,需要特别关注和管理。此外,在这些高密度船舶区域,船舶之间的交通流量大,导航管理更为复杂,航行安全的挑战也相应增大。

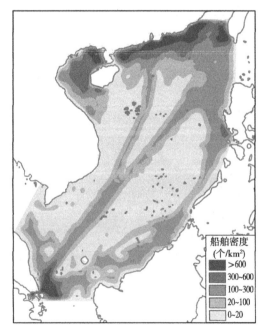

图 6.8　南海船舶密度空间分布示意图

除了中国南部近岸海域和新加坡附近海域，南海的主要航道，如广州和香港至新加坡航道和台湾至新加坡航道，也显示出较高的船舶密度。这些航道承担着重要的海上货运和航运任务。船舶在这些繁忙的航道内频繁往来，航行活动密集，因此船舶密度较高。在这些关键航道内，船舶之间的航行安全需要格外重视，船舶管理部门需要采取有效措施，加强对船舶的监测和管理，以确保航行安全。

6.2.2 危险性空间分布特征

图6.9显示了南海海上交通危险性水平的空间分布特征(彩色效果见附录八彩图6.9)，图6.10则进一步显示了各危险性水平比例分布。根据危险性水平空间分布图和各危险性水平比例分布情况可知，南海中部和北部地区占据了高危险性和非常高危险性水平海域的主要比例。据统计，约有13.1%的南海海域被归类为高危险性水平，而31.5%的海域则被划分为非常高危险性水平。这些区域通常涵盖了南海的中部和北部地区，船舶在上述海域航行时面临着较高的危险性。

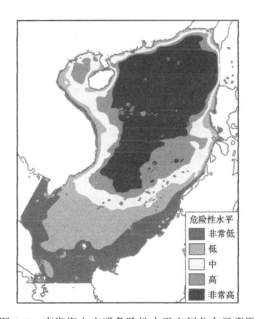

图6.9 南海海上交通危险性水平空间分布示意图

另外，中等危险性水平海域占据了南海海域的14.3%，这些区域主要位于南海中部沿海和北部沿海海域。低危险性水平和非常低危险性水平区域则占据了相当大的比例，分别为20.8%和20.3%，主要位于南海南部海域。这些区域的危险性较低，船舶航行相对较为安全。

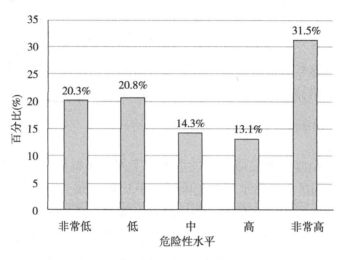

图 6.10 各危险性水平比例情况示意图

南海海上交通危险性水平的空间分布特征主要受到多种危险性因素的影响，其中包括较高的大风与大浪频率、高热带气旋频率以及低能见度等。这些因素在南海的不同区域产生了不同程度的影响，导致危险性水平的空间分布差异。首先，南海中部和北部地区的危险性水平较高，这主要是由于这些区域频繁发生大风与大浪等恶劣天气现象；同时也容易受到热带气旋的影响，进而增加了船舶航行的危险性。相比而言，南海南部海域的危险性水平较低，主要原因是由于这些区域较少地受到灾害性天气的影响。正如 Wang 等(2014)所说，气象条件对于南海海洋灾害的空间分布有着显著影响。

6.2.3 脆弱性空间分布特征

将脆弱性指数划分为 5 个等级，创建了脆弱性水平空间分布图，如图 6.11 所示（彩色效果见附录八彩图 6.11）。图 6.12 则进一步显示了各脆弱性水平占比情况。综合分析这两幅图，可以发现，中、高及非常高脆弱性区域占南海海域的 61.3%。这些区域大多位于南海沿海地区。海岸线距离和港口距离以及船舶密度是形成高脆弱性空间分布特征的关键因素。值得注意的是，这些区域的船舶密度较高，加之地理位置接近港口和海岸线，因此容易受到各种危险因素的影响，例如恶劣天气、海盗袭击事件等。这也导致这些区域的船舶航行更加困难和危险。

此外，非常低及低的脆弱性区域占南海海域相当大的比例，达到 38.7%。这些区域主要散布在南海的中部海域。这一分布差异的主要原因是这些地区的地理位置较为偏远，通常远离主要的港口和海岸线。船只往往不会选择这些区域作为主要的

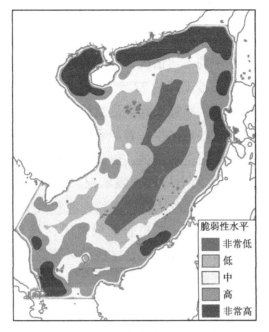

图 6.11 南海海上交通脆弱性水平空间分布示意图

航行路线或停靠港口,因此这些海域的船舶密度较低。相应地,这些地区对海上安全风险的敏感性也相对较低。由于较少的船舶活动,海上交通状况通常较好,船只在此航行时受到其他船舶的影响相对较少。

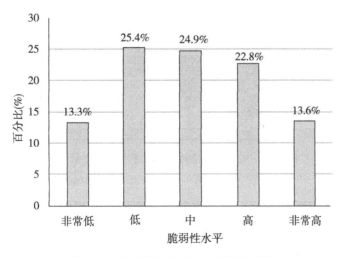

图 6.12 各脆弱性水平占比情况示意图

6.2.4 海上事故风险空间分布特征

图 6.13(彩色效果见附录八彩图 6.13)与图 6.14 分别显示了南海海上交通风险的空间分布特征与各风险水平的占比情况。结果表明,非常高风险区域覆盖南海面积的 17.2%,而高风险区域覆盖南海的 22.5%,这两类风险区(即事故高发区)大部分位于南海北部海域,部分位于新加坡到香港航线的中段海域,以及马六甲海峡和菲律宾西南海域,这意味着这些地区存在着严重的航行挑战和潜在的安全风险,在这些高风险区域,船舶航行需要更加谨慎,船长和船员需时刻保持警惕,采取有效的安全措施,以应对可能发生的事故或突发状况。此外,中风险区则覆盖南海的 10.3%,分布则相对分散,大多数在从新加坡到香港和吕宋海峡的航线沿线海域以及巴拉望岛西南沿海海域。而低风险和非常低风险区域面积较大,覆盖南海的 50%,大部分位于南海的中部和南部海域。这些相对较低风险的区域通常远离海岸线和港口,船舶密度较低,气象条件相对稳定。

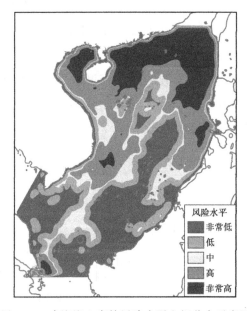

图 6.13 南海海上事故风险水平空间分布示意图

南海海上事故风险的空间分布受多种因素影响。高风险或非常高风险区域的特点在于其海岸线与港口密集,这意味着船舶在这些区域航行时面临更多的人为风险和自然风险。船舶密度高不仅增加了碰撞和相撞的可能性,甚至还可能导致严重拥堵和重大交通事故的发生。同时,复杂的气象条件如台风、龙卷风等气象灾害的频

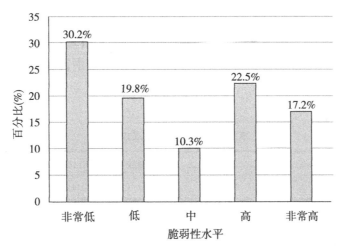

图 6.14　各风险水平比例分布示意图

繁发生，也增加了船舶在这些区域航行的风险。

相比之下，南海南部和部分中部地区的事故风险较低，这些地区的风险水平相对较低。因为距离海岸线和港口的位置较远，船舶与陆地结构和其他船只接触的可能性明显减少，从而事故的发生率较低。此外，这些地区的船舶密度相对较低，航线交叉频率较少，船舶之间的擦碰和相撞风险相对较低。气象条件相对稳定，极端气象灾害发生频率较低，进一步减少了船舶在这些地区航行的风险。

因此，针对高风险或非常高风险区域，应加大海上巡逻频率，加强监测和预警系统的建设，及时发现并应对潜在的安全隐患。同时，需要优化海上应急资源的分配，确保在事故发生时能够迅速响应和处置，最大限度地减少事故造成的损失。这些措施将有助于提高南海海上航行的安全性，保障船舶安全和人员的生命财产安全。

6.3　验证与分析

对南海海上事故风险评价结果进行验证能够进一步确定前文所提出的方法是否符合其预期的用途。本研究从有效性检验与灵敏度分析两个方面对结果进行验证。

6.3.1　有效性检验

本研究从全球综合航运信息系统的海上伤亡与事故库中，收集了 2009—2019 年在南海海域发生的 342 起含有空间位置信息历史海上事故的数据。利用已发生的历史事故是否位于高或非常高的风险水平区域来验证结果。表 6-6 为历史事故发生位置所处 5 个风险水平级别的比例。结果表明，高风险水平和非常高风险水平区域内发生历史事故的占比之和为 83.9%。根据 Wang 等(2014)的相关研究，当比例高于 80% 时，可以认为评价结果是有效的。因此，可以认为南海海上事故风险评价结果有效。

表 6-6　　　　　　　　　　不同风险水平的历史事故比例

风险水平	相应水平内历史事故比例
非常低	4.1%
低	4.8%
中	7.2%
高	31.7%
非常高	52.2%

6.3.2　灵敏度分析

利用 OAT(One-At-A-Time)方法进行灵敏度分析，该方法可以分析某个输入参数的变化对评价结果的影响，同时保持所有其他参数不变，它已广泛应用于多属性决策的空间敏感性分析(Xu and Zhang, 2013)。公式(Qiu et al., 2017)如下：

$$R(w_j, \text{cr}) = w_j \times (1 + \text{cr}) \times x_j + \sum_{i \neq j}^{n} w_j \times \frac{1 - w_j \times (1 + \text{cr})}{1 - w_j} \times x_i \quad (6\text{-}15)$$

$$\text{MACR}(w_j, \text{cr}) = \sum_{k=1}^{N} \frac{1}{N} \left| \frac{R_k(w_j, \text{cr}) - R_0}{R_0} \right| \times 100\% \quad (6\text{-}16)$$

式中，R 表示风险评价结果，w 表示指标的初始权重，cr 表示权重的变化率，x 表示指标的标准化数值，i 和 j 分别表示第 i 和第 j 个指标($i \neq j$)，$\text{MACR}(w_j, \text{cr})$ 代表绝对变化率的平均值，k 表示第 k 个网格，N 表示风险图中网格的个数，R_0 表示风险评价结果的初始值。MACR 值大表示灵敏性高。

基于 OAT 方法，我们将每个指标的权重变化范围设为 -50% ~ 50%(步长为 10%)，从而进行敏感性分析。图 6.15 显示了用于海上运输风险评价的 MACR 值。当权重的变化率增加时，对于每个指标，MACR 值显示出以不同斜率的线性增加趋势。斜率越大代表评价指标的敏感性越高(Xu, Zhang, 2013)。所有指标的 MACR 值排名如下：船舶密度>港口距离>热带气旋压力>热带气旋频率>海岸距离>水深>岛礁距离>大浪频率>大风频率>海盗与武装抢劫频率>平均降雨量>海雾覆盖度。显然，船舶密度是排名最高的指标，是最敏感的；而海雾是排名最低的指标，是最不敏感的。以 50%的权重变化为例，船舶密度和海雾覆盖度的 MACR 值分别为 6.1%和 1.7%。此外，由于不同的决策者可以设置不同的权重，从而产生各种结果。图 6.15 进一步表明，所有 MACR 值（<7%）均显著低于权重的变化率，这也证明了评价结果相对稳健可靠（Qiu et al., 2017）。

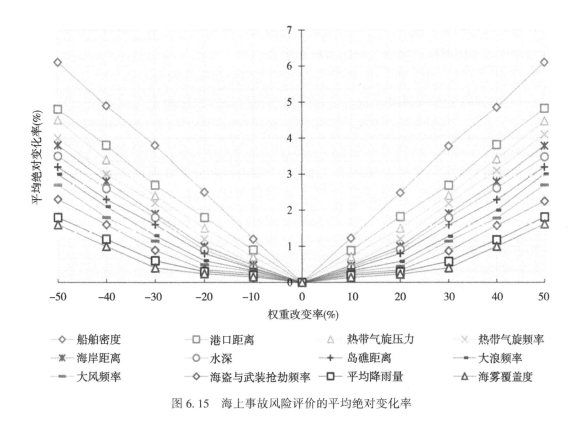

图 6.15 海上事故风险评价的平均绝对变化率

6.4 本章小结

本章构建了海上事故高发区评价模型，分析了南海海上事故风险的空间分布特征，进而识别了海上事故高发区域。研究的具体内容和结果如下：

（1）分析南海海上事故风险影响因素。基于风险视角，从危险性和脆弱性两个维度分析了影响海上航行安全的主要因素，选择了 10 个影响因素：水深、热带气旋、海风、海浪、能见度、海盗与武装抢劫、海岸距离、港口距离、岛礁距离、船舶密度。

(2) 构建海上事故高发区评价指标体系。根据南海海上事故风险影响因素分析结果，并考虑指标建立原则，选择了 12 个指标来建立海上事故高发区评价指标体系，即水深、大风频率、大浪频率、热带气旋压力、热带气旋频率、海雾覆盖度、平均降雨量、海盗与武装抢劫频率、海岸距离、港口距离、岛礁距离、船舶密度。

(3) 构建海上事故高发区评价模型。首先，根据海上事故高发区评价指标体系，利用地理空间技术对每个指标进行定量计算，生成空间图层；然后，应用 FAHP 方法计算各指标权重；接着，利用空间加权叠加法计算危险性指数、脆弱性指数，进而分别生成空间图层；最后，将两指数相乘获得海上事故风险指数，并进一步分为 5 级(非常高、高、中、低、非常低)，生成海上事故风险空间分布图。

(4) 南海海上事故风险评价。应用建立的模型评价南海海上事故风险，识别海上事故高发区。结果表明，非常高风险区域覆盖南海面积的 17.2%，而高风险区域覆盖南海的 22.5%，这两类风险区(即事故高发区)大部分位于南海北部海域，部分位于新加坡到香港的航线中段海域，以及马六甲海峡和菲律宾西南海域。中风险区则覆盖南海的 10.3%，大多数在从新加坡到香港和吕宋海峡的航线沿线海域以及巴拉望岛西南沿海海域。此外，低风险和非常低风险区域覆盖南海的 50%，大部分位于南海的中部和南部海域。

第7章 海上搜救服务能力评价

南海海域的贸易往来十分频繁,但由于海域内存在台风、海啸等多种威胁,被认为是海上航行的危险区域,是世界上海上事故高发区域之一(Zhou et al., 2019)。南海周边国家(中国、越南、马来西亚、菲律宾等)负责在该区域提供海上搜救服务。例如,中国已建立南海救助局负责执行该海域内的搜救任务。海上搜救旨在营救海上遇险人员并在困难情况下协助船舶航行(Breivik, Allen, 2008; Nordström et al., 2016; Karahalios, 2018)。当在海上航行的船舶遇到危险并发出求救信号时,海上搜救相关部门在接到这一请求后,应迅速指挥救援船舶搜寻遇险者并帮助其脱离危险(Karahalios, 2018)。对于一个已建立的海上搜救系统,能否提供及时有效的海上搜救服务对于降低因海上事故导致的人员伤害、财产损失等不利后果的程度至关重要(Shi et al., 2014; Siljander et al., 2015; Pitman et al., 2019)。因此,从空间角度定量地评价南海周边国家的海上搜救服务能力,发现存在的优势与问题,并提出有针对性的对策建议,具有很高的应用价值和实践意义。

虽然已有许多学者开展了海上搜救系统评价相关研究,但很少有研究顾及海洋条件对搜救船舶航行速度的影响,也未从多个搜救情景多个评价标准出发,充分分析海上搜救服务能力。鉴于此,本研究构建了一种顾及船舶航速的海上搜救服务能力评价模型,以评价多个搜救情景下南海地区的海上搜救能力。由于中国、马来西亚、越南和菲律宾是南海周边拥有较长海岸线的四个国家,因此,本研究重点关注这四个主要国家的海上搜救能力。此外,尽管搜救装备包括直升机、船舶等,但当前搜救船舶仍是最常使用的装备,本研究以搜救船舶作为主要救援力量。

本章评价了南海周边四个重要国家海上搜救服务能力。首先,构建了顾及海上船舶航速的海上搜救服务能力评价模型;然后,应用提出的模型,分析了非联合搜救机制下,南海周边四个重要国家(中国、马来西亚、越南和菲律宾)的海上搜救能力;接着,分析了联合搜救机制下,南海周边国家联合搜救能力;最后,归纳了本章的主要研究内容和结果。

7.1 顾及海上船舶航速的海上搜救服务能力评价模型构建

为评价海上搜救服务能力，本研究建立了一种顾及海上船舶航速的海上搜救服务能力评价模型。构建该模型包括四个步骤：首先，顾及海洋条件对船舶航速的影响，计算救援船舶的救援可达时间；然后，构建三个评价指数，即一次覆盖率、加权覆盖率和加权平均可达时间，用于进一步分析海上搜救服务能力；接着，利用三个能力评价指数，分析包括联合与非联合搜救两种情景下的南海海上搜救服务能力；最后，借助历史搜救事件中实际搜救到达时间对分析结果进行验证。研究结果可以为相关决策者提供有效见解，以帮助优化海上搜救资源配置，提高海上搜救能力。海上搜救服务能力评价流程如图 7.1 所示。

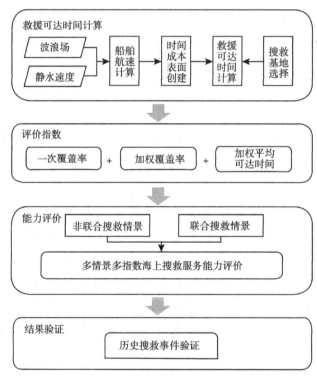

图 7.1 海上搜救服务能力评价流程图

7.1.1 救援可达时间计算

首先，为计算从海上搜救基地出发的船舶救援可达时间，建立了基于 GIS 成本距离分析的救援可达时间模型。该计算模型包括两个步骤：①计算船舶真实航速；②计算船舶救援可达时间。图 7.2 展示了使用此方法计算救援可达时间的流程。

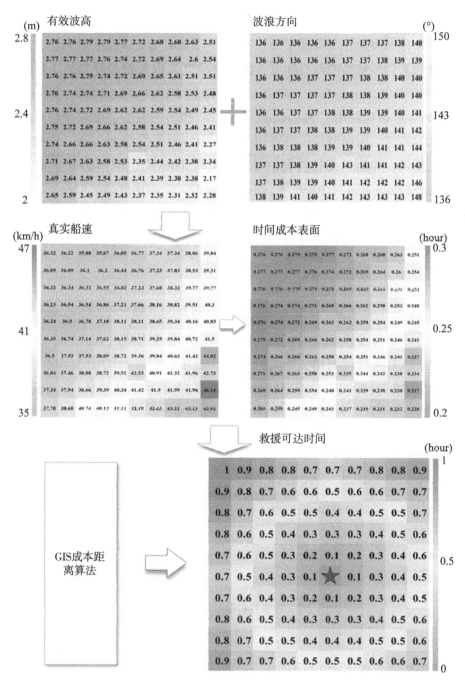

图 7.2 救援可达时间计算流程图

1. 计算船舶真实航速

由于海洋环境要素(例如风、浪)引起的附加阻力,船舶在海上航行的速度和在静水中以同样输出功率所得到的速度不同,静水速度通常要高于船舶实际航行速度,这种现象称为失速,又叫非主动失速(Fang, Lin, 2015)。一般来讲,尽管有许多海洋环境因素会影响船舶航行速度,但已有研究发现波浪是降低海上船舶航行速度的主要影响因素(Prpić-Oršić, Faltinsen, 2012; Liu et al., 2016b; Veneti et al., 2017)。因此,本研究使用了 Mannarini 等(2013)提出的船舶速度模型计算搜救船舶在海上的真实航速。该模型是一种通用的、不限定船舶类型的方法,已被广泛应用于许多相关领域,如船舶路径规划(Grifoll and de Osés, 2016; Veneti et al., 2017)、位置分配问题(Zhou et al., 2019)等。根据该模型,船舶速度损失取决于有效波高和船浪相对方向(Veneti et al., 2017)。首先,将海域进行网格化,计算船舶在网格中的实际航速。船舶海上航行实际速度可以通过以下公式计算:

$$S_i = S_0 - f(\theta_i) H_i^2 \tag{7-1}$$

$$f(\theta_i) = \begin{cases} 0.0083, & 0° \leq \theta_i \leq 45° \\ 0.0165, & 45° < \theta_i < 135° \\ 0.0248, & 135° \leq \theta_i \leq 180° \end{cases} \tag{7-2}$$

式中,S_i 表示船舶在海域网格 i 处航行的实际速度,S_0 表示船舶在静水中的速度,$f(\theta_i)$ 为海域网格 i 处的波浪与船只航行方向系数,θ_i 表示海域网格 i 处波浪与船只航行方向夹角(见图 7.3),H_i 为海域网格 i 处有效波高。

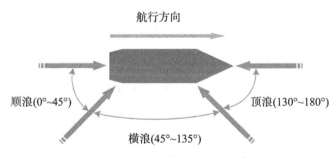

图 7.3 波浪与船舶相对方向示意图

2. 计算船舶救援可达时间

研究将海上救援可达时间定义为从搜救基地到事故发生现场的最短航行时间。

在这一步骤中，考虑海洋环境条件对船舶航行的阻力成本，利用 GIS 空间分析中成本距离分析技术计算救援可达时间。成本距离分析技术是 GIS 的一种建模技术，用于计算成本表面上最接近源位置的最小累积成本（时间、钱财等）（Becker et al.，2017）。目前，成本距离分析方法已经被广泛应用于许多相关领域（Su et al.，2016），包括设施选址（Jobe，White，2009；Zhou et al.，2019）、防灾减灾（Li et al.，2010；Imamura et al.，2012）、路径设计（Durmaz et al.，2019；Yildirim，Bediroglu，2019）。

具体来讲，首先以第一步得到的船舶实际航速为基础，进一步计算通过海域中每个网格的穿过时间，并作为该网格的成本值。然后，将此网格穿过时间作为成本栅格表面，并将搜救基地位置作为源栅格。通过将每条可能路径中所有的栅格时间成本相加，获得从出发点到目标源位置的所有可能路径的最短累积航行时间（Greenberg et al.，2011；Su et al.，2016）。最后，以其中最小的航行时间作为船舶救援可达时间。计算公式如下：

$$T_{iM} = \sum_{i \in N} \frac{l}{S_i} \tag{7-3}$$

$$RT = Min(T_{i1}, T_{i2}, \cdots, T_{iM}) \tag{7-4}$$

式中，T_{iM} 表示从海上搜救基地 M 到网格 i 的可达时间，l 表示船舶通过网格的路程（即网格边长），S_i 表示船只在网格 i 处航行的实际速度，N 表示船舶在最短时间内从搜救基地 M 到网格 i 所通过网格的集合，RT 表示船舶救援可达时间。

7.1.2 评价指数构建

在评价应急响应能力时，时间和服务覆盖是最常见的标准（Enayati et al.，2019）。前者衡量到达事故现场的难易程度，而后者则表示在预设的时间/距离阈值内应急服务系统的服务范围。参考已有研究（Akbari et al.，2018a；Zhou et al.，2019），对于服务覆盖范围，预设的可达时间阈值设为 6 小时。为进一步评价海上搜救服务能力，研究定义了三个能力评价指数如下：

1. 一次覆盖率

服务覆盖是评价应急服务能力的重要指标之一，并且具有多种定义和测量方法（Yin et al.，2017；Akbari et al.，2018b）。一般可以将其理解为基于接近度的二元函数或连续函数（Akbari et al.，2018a）。在本研究中，一次覆盖率的定义为从选定的搜救基地出发，搜救船舶在预设可达时间阈值内可到达的搜救海域面积占海域总面积的比例，一次覆盖率指数的计算公式如下：

$$\mathrm{PC} = \frac{S_{\mathrm{access}}}{S_{\mathrm{total}}} \tag{7-5}$$

式中，PC 表示一次覆盖率指数，S_{access} 表示预设可达时间阈值内船舶可达范围的面积，S_{total} 表示研究区内海域总面积。若从选定的搜救基地出发到网格 i 的可达时间的最小值不大于所述预设可达时间，则所有符合该条件的网格的集合构成所述的预设可达时间阈值内覆盖范围。

2. 加权覆盖率

尽管海域内任何位置都有可能发生船舶事故，但某些海域发生事故的可能性会更大(Zhou et al., 2019)。因此，当考虑救援需求时，加权覆盖率成为另一个重要标准。该指数定义为面向选定的搜救基地，在预设可达时间阈值内，船舶可覆盖范围内的救援需求占总救援需求比例，计算公式如下：

$$\mathrm{WC} = \frac{\sum\limits_{i \in Q} D_i}{\sum D_i} \tag{7-6}$$

$$D_i = \mathrm{MTR}_i^{\mathrm{index}} \tag{7-7}$$

式中，WC 表示加权覆盖指数，D_i 表示海域网格 i 的救援需求指数，其值使用第 6 章获得的海上事故风险指数来表征，Q 表示预定可达时间阈值内覆盖范围内网格的集合，$\sum D_i$ 表示研究区海域所有网格的救援需求指数总和。

3. 加权平均可达时间

时间可以直接表示搜救的效率。同样地，考虑不同海域救援需求不同，定义加权平均可达时间指数。该指数以救援需求作为权重来计算全海域的加权平均可达时间，计算公式如下：

$$\mathrm{MAT} = \frac{\sum\limits_{i \in P} D_i \times \mathrm{RT}_i}{\sum D_i} \tag{7-8}$$

式中，MAT 表示加权平均可达时间，D_i 表示海域网格 i 的救援需求指数，以海上事故风险指数表征，RT_i 表示从所选定搜救基地到海域网格 i 的救援可达时间。

研究将三个指数的值划分为 5 级(非常好、好、中、差、非常差)来描述海上搜救服务能力：

(1)一次覆盖率：非常好(70~100)、好(50~70)、中(20~50)、差(10~20)、非常差(0~10)。

(2)加权覆盖率:非常好(70~100)、好(50~70)、中(20~50)、差(10~20)、非常差(0~10)。

(3)加权平均可达时间:非常好(0~5)、好(5~10)、中(10~15)、差(15~20)、非常差(>20)。

7.1.3 多情景海上搜救服务能力评价

根据国际海事组织的要求,沿海国家应该在船只或人员遇险时提供必要的援助(Karahalios,2018)。目前,与南海接壤的周边国家大多在该海域提供海上搜救服务。这些国家在沿海地区建立了许多海上搜救基地,独立地执行该地区的搜救任务,截至目前在南海还未形成统一的联合搜救机制。但最近几年,为探索多国联合搜救的可能,一系列的联合救援演习已经在南海海域举行,探讨多国海上联合搜救机制(De Tréglodé,2016;Zhou et al.,2019)。因此,本研究将从非联合与联合搜救两个情景分析南海海域海上搜救能力。

1. 情景1:非联合搜救机制

考虑海上搜救服务按照非联合机制执行,即南海周边各国独自执行海上搜救任务。在此搜救机制下,分析南海周边国家各自的海上搜救服务能力。

南海周边国家主要包括:中国、越南、菲律宾、马来西亚、文莱、新加坡等。这些国家均独自在南海海域提供海上搜救服务,但由于经济发展水平原因,各国海上搜救装备和救助设施有较大差异。中国在南海海域设立南海救助局负责在该海域提供海上搜救服务,其配置的海上搜救设备在南海周边各国中属于性能较好,数量较多,配备有搜救直升机、巡航舰艇等;菲律宾已有的搜救船舶、搜救直升机等搜救装备由海岸警卫队负责;越南同样由海岸警卫队管理搜救力量的调度;马来西亚海事执法局配置了救助船舶、固定翼飞机等搜救装备;而印度尼西亚主要由海军完成责任海域中的搜救任务,且在2005年后,由海上安全协调委员会直接负责该国管辖水域的管理、护航、应急响应等;文莱的海上搜救服务主要由文莱皇家海军承担,主要任务是保卫海上主权,执行海上搜救,支援政府海上执法等;新加坡海岸警卫队则统一调度辖区内各类搜救资源(李毅龙,2012;岑选任,2015)。

考虑到中国、越南、马来西亚和菲律宾是在南海有着广阔海岸线的沿海国,也是航行在该海域中的大量船舶的所属国家(Zhou et al.,2019)。这四个国家肩负着重要的责任与义务。为该海域提供海上搜救服务,确保船舶的航行安全(Rosenberg and Chung,2008)。而印度尼西亚受经济水平影响,装备老化严重,难以适应极端天气和远海搜救任务。同样地,文莱的海上搜救装备性能较差,且数量较少。新加坡虽然有性能较好的搜救装备,但海岸线较短。在这种情况下,本研究将中国、马来西亚、越南和菲律宾视为南海海域主要的海上搜救力量(Shi et al., 2014)。因此,在情景1中,重点评价中国、马来西亚、越南和菲律宾这四个国家在南海海域的海上搜救服务能力。

2. 情景2:联合搜救情景

考虑中国、马来西亚、越南和菲律宾这四个国家建立了联合搜救机制(或称合作机制),四个国家的搜救力量能够被统一调度。在此机制下来分析南海海上搜救能力。

虽然南海周边各国目前还是独立地执行该海域中的搜救任务,未建立成熟的南海海上联合搜救机制,但各国早已将建立海上搜救合作写进了外交协定(李毅龙,2012)。《南海各方行为宣言》是南海周边各国签署的有关南海问题的首个政治文件。该文件对保持南海地区稳定、增进中国与周边国家互信有重要作用。此宣言明确说明了南海周边各国可以在海上搜寻与救助领域开展合作。此外,《落实中国——东盟面向和平与繁荣的战略伙伴关系联合宣言的行动计划》中也有相关条约提出了要在海上搜救方面加强合作。中国与越南首先在海上搜救领域达成双边协定,两国签订了《越南下龙至中国防城港高速客轮航线搜救合作协议》。该协议是中国与南海周边国家建立的首个搜救合作协议。协议在组织结构、联络方式等多个方面做出了详细规定。在此搜救合作机制的基础上,中国和越南联合完成了多次遇险船员搜救任务以及联合搜救演习,并获得了良好的效果。例如,2022年6月,中越海军在北部湾展开了第32次联合巡逻,进行了联合搜救等相关演练,此次演练进一步维持了北部湾海域的秩序与稳定。① 此外,中国与南海周边其他国家也在积极探索建立海上联合搜救机制。例如,2017年10月,中国-东盟国家在广东湛江海域举行了海上联合搜救实船演习。此次演练是目前我国与东盟国家开展的规模最大的一次海上联合搜救演习,有中国、泰国、菲律宾、柬埔寨、缅甸、老挝和文莱等国家参与。参加联合演习的船只多达20艘,飞机3架,人员有1000人。② 可以充分借鉴已有的海上联合搜救经验,逐步扩大联合搜救机制参与国家,建立统一的南海海上搜救合作机制。因此,情景2主要分析四个国家(中国、越南、马来西亚与菲律宾)在实行联合搜救机制后,南海海域的海上搜救能力。

---

① 国防部网:http://www.mod.gov.cn/gfbw/sy/jt 214028/4913906.html。
② 中国新闻网:https://www.chinanews.com.cn/gn/2017/10-31/8364875.shtml。

7.1.4 结果验证

为核实所建立的模型是否达到预期目标的要求,必须要对结果的有效性进行验证。在本章中,救援可达时间模型计算结果的准确性直接影响海上搜救服务能力评价的准确性。为验证结果的有效性,平均绝对误差被用于验证救援可达时间模型所计算的可达时间。平均绝对误差是所有样本预测值与实际值之差的平均值,其计算方法(Cadenas,Rivera,2007)如下:

$$\mathrm{MAE} = \frac{1}{N}\sum_{k=1}^{N} |T_{\mathrm{actual}}^{k} - T_{\mathrm{modelled}}^{k}| \qquad (7\text{-}9)$$

式中,MAE 是平均绝对误差,T_{actual}^{k} 是救援船的实际可达时间,$T_{\mathrm{modelled}}^{k}$ 是由建立的模型计算出的救援船舶可达时间,N 是样本数。

本研究从南海救助局发布的事故救援信息报告中获得了救援船的实际到达时间。这一时间是搜救船舶从基地出发的时间和到达事故现场时间的差值,然后,利用公式(7-9)计算了平均绝对误差,值为 16.81 分钟。对于大多数海上事故,实际到达时间比基于救援可达时间模型计算的响应时间长。造成这种差异的主要原因是本研究对建立的模型进行了一些简化。例如,尽管波浪是导致船舶速度减慢的主要原因(Shao et al.,2012),但洋流、海风也会影响船速。此外,在执行海上搜救任务期间,假定救援船在航行过程中一直使用其最大速度,而实际情况可能不同(Siljander et al.,2015)。因此,基于救援可达时间模型计算出的可达时间可能有些乐观,但平均绝对误差小于 20 分钟,结果仍可以被视为可以接受的(Siljander et al.,2015),并且可以支持海上搜救相关策略的制定,以提高南海海域搜救服务能力。

7.2 南海周边四国海上搜救能力评价结果

研究将建立的海上搜救服务能力评价模型应用于南海海域,并基于南海周边四个国家(中国、越南、马来西亚、菲律宾)各自海上搜救系统(Holmes,2014;Barnes,Hu,2016;Zhou et al.,2019),分析两种情景(非联合与联合搜救)下的南海海上搜救服务能力。

7.2.1 四国救援可达性分析

图 7.4 显示了南海周边四个重要国家(中国、越南、马来西亚、菲律宾)各自海上搜救系统的海上救援可达时间的空间分布。结果表明,在四个国家的近海海域

第 7 章　海上搜救服务能力评价

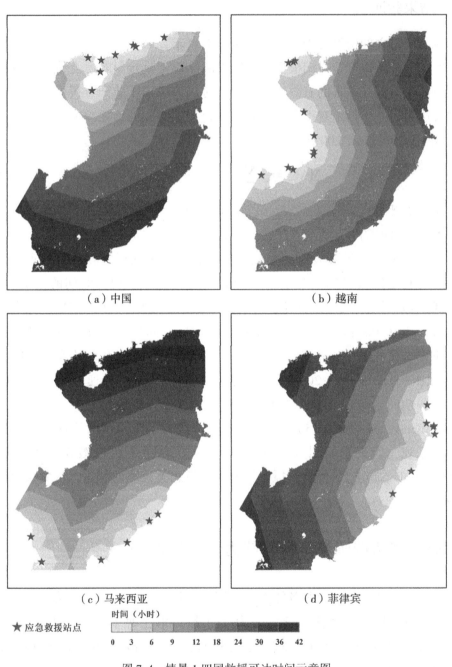

图 7.4　情景 1 四国救援可达时间示意图

内,从搜救基地到海域任意位置的救援可达时间较短。主要原因是每个国家均在沿海建立了海上搜救基地,且分布较为均匀。但是,与每个国家相对应的偏远海域的可达时间很长。例如,中国和马来西亚的最长可达时间超过 40 小时,而越南和菲律宾也面临同样的问题，最长时间均超过 30 小时。图 7.5 进一步显示了情景 1 中各可达时间区间的海域面积占总面积的百分比。可以发现，四个国家里可达时间超过 12 小时的海域均超过总海域面积的一半。显然，对于四个国家，在近岸海域能够短时间到达事故海域，而到达远海海域的事故现场则需要相当长的时间。正如 Guo 等（2019）提到，随着世界海上搜救服务水平的提高，短程海上搜救能力有了明显的提高。但是，远程海上搜救仍然是所有搜救行动中最具挑战性的任务。

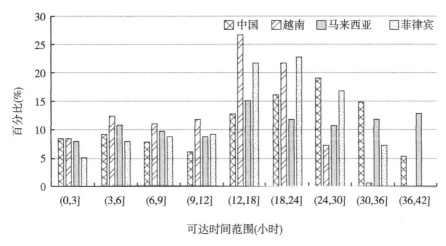

图 7.5　情景 1 四国不同可达时间范围的海域面积比例图

7.2.2　四国搜救能力评价指数分析

为更好地评价四个国家的海上搜救服务能力，研究进一步定义了 3 个评价指数，服务覆盖范围的预设可达时间阈值为 6 小时（Akbari et al.，2018a）。表 7-1 从三个评价指数的角度反映了四个国家的南海海上搜救服务能力。四个国家的一次覆盖率指数排序为：越南 > 马来西亚 > 中国 > 菲律宾。越南的一次覆盖率最高，为 20.91%，处于级别"中"，马来西亚和中国紧随其后，分别为 18.63%、17.62%。而菲律宾的一次覆盖率最低，为 13.25%，这三个国家的一次覆盖率均处于级别"差"。对于加权覆盖指数，排序为马来西亚 > 菲律宾 > 中国 > 越南。马来西亚最高，为 23.13%，处于级别"中"，其次分别为菲律宾（16.37%）、中国（16.26%）、越南（12.94%），均处于级别"差"。分析一次覆盖率和加权覆盖，可以发现尽管越南的搜救船舶能够在预定可达时间阈值内到达更广阔的海域，但其覆盖的救援需求却最小，马来西亚则为更大范围的救援需求提供了保障。此外，比较这四个国家的加权平均可达时间指数，可以发现越南的加权平均可达时间最短，为 15.32 小时，其次分别是菲律宾(17.46 小时)、马来西亚(19.51 小时)、中国(20.48 小时)。这四个国家中，只有中国的加权平均可达时间指数处于级别"非常差"，而其他三个国家均处于级别"差"。三个指数的分析结果也进一步证实了图 7.4 所反映的情况，即任何一个国家都无法在整个南海海域提供高效的海上搜救服务。

表 7-1　　　　　　　　　　　情景 1 四国评价指数比较

评价指数	国　　家			
	中国	越南	马来西亚	菲律宾
一次覆盖率	17.62%	20.91%	18.63%	13.25%
加权覆盖率	16.26%	12.94%	23.13%	16.37%
加权平均可达时间(h)	20.48	15.32	19.51	17.46

总体而言，伴随经济全球化规模的逐步扩大，海上贸易活动频繁，发生海上事故的不确定性随之增加，搜救范围也从近海海域延伸到远海海域(潘科等，2014)。尽管近年来上述四个国家均在积极地完善本国海上搜救体制机制，但各国所拥有的搜救装备普遍数量不多，装备性能还需加强，而且当前的搜救应急资源不能对南海全海域的生命财产安全提供足够的保障。因此，急需在南海海域建立统一的海上联合搜救机制。

7.3　南海周边四国海上联合搜救能力评价结果

7.3.1　联合救援可达性分析

为了克服海上搜救船舶无法迅速到达偏远海域的困难，大多数国家选择建立远海海上联合搜救机制(Guo et al.，2019)。在该搜救机制下，所有搜救人员与资源接受统一的指挥与调度。情景 2 则分析了南海周边国家在海上联合搜救机制下的搜救服务能力。图 7.6 显示了联合搜救机制下救援可达时间的空间分布，可以看出，最长救援可达时间少于 15 小时。

图 7.7 则进一步显示了情景 2 中各可达时间区间内可到达的海域面积占总面积的比例，可以发现绝大部分海域的救援可达时间小于 9 小时。因此，联合搜救机制下的南海海上搜救体系可以更好地执行救援工作并大大提高生存率。但是，在这种情景下，仍然存在一些短时间内无法到达的区域，例如南海的东北和西南区域。

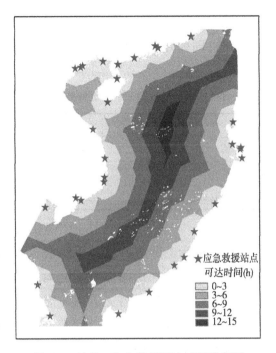

图 7.6 情景 2 海上救援可达时间示意图

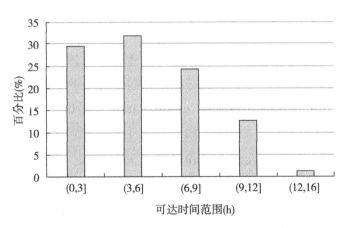

图 7.7 情景 2 不同可达时间范围的海域面积比例图

7.3.2 联合搜救下评价指数分析

表 7-2 归纳了海上联合搜救机制下南海三个评价指数的计算结果。同样地,服务覆盖范围的预设可达时间阈值为 6 小时。根据表 7-2 所示,一次覆盖率为 61.52%、处于级别"好",表明在指定时间内可以到达一半以上的海域。而加权覆盖

率为 64.85%，处于级别"好"。加权覆盖范围大于一次覆盖范围，说明了在 6 小时内可以到达的海域内覆盖了更多的潜在救援需求。此外，联合搜救机制下的南海加权平均可达时间为 5.22 小时，同样处于级别"好"。

表 7-2   海上联合搜救机制下南海三个评价指数的计算结果

评价指数	指数值
一次覆盖率	61.52%
加权覆盖率	64.85%
加权平均可达时间(h)	5.22%

情景 2 的分析结果表明，实施多国联合搜救机制能极大地提高在南海的海上搜救服务能力。但尽管中国积极寻求在南海海域建立海上搜救合作机制，一系列问题还需要进一步解决(岑选任，2015)。首先，南海海上联合搜救缺乏相关法律法规支持。虽然目前南海周边国家针对南海海上搜救的合作签署了一些协定，但大多不具有约束力，没有明确各国海上搜救的权利义务，而且南海周边各国加入的海上搜救国际公约有较大不同。例如，中国、越南、菲律宾、马来西亚均加入了《1974 年国际海上人命安全公约》，但是马来西亚和菲律宾却都没有签署《1979 年国际海上搜寻救助公约》。正是由于缺少相关法律法规的支持，广泛开展南海海上搜救合作的难度大大增加。其次，南海周边各国未建立良好的沟通协调渠道。为了确保海上交通安全，《1979 年国际海上搜寻救助公约》指出因海上搜救需要，缔约国可以进入其他缔约国的海域时，但由于国家利益诉求等多种原因，南海周边各国并没有遵守这一规定，导致各国关于海上遇险信息交流不畅，从而极易错过搜救的最佳时机，导致较大的人员和财产损失。再次，南海周边各国搜救装备性能落后，社会力量参与积极性不高。与搜救能力强的国家相比，南海周边各国的海上搜救装备和救助设施普遍比较落后。中国在该海域配备了一系列海上搜救装备，但对于整个南海海域，我国现有的搜救装备远远不能实现高效的远距离海上搜救行动，且其他国家为海上搜救配备的装备数量较少且性能不高。由于专业的海上救助力量有限，再加上南海海域广阔，必须积极调动海域中过往船舶以及其他的社会救助力量，及时对遇险的人员与船舶实施救助，但当下业余搜救力量参与海上搜救的积极性还亟待提高。

总体而言，情景 1 和情景 2 的分析结果表明，南海周边任何一个国家尚不具备承担整个南海海域的海上搜救服务能力，而联合搜救能极大地提高整个海域的搜救服务效率。针对目前建立南海海上搜救合作机制所存在的问题，研究建议：

(1)制定海上搜救合作的相关法律法规，建立联合搜救指挥中心。南海海上搜救领域的合作需要有相应的法律法规作为保障，明确海上搜救合作的具体制度，能保障南海海上搜救工作持续、有效、稳定地进行。建立联合搜救指挥中心，主要负责南海周边各国各地区的海上遇险信息的传递、搜救行动的指挥等。

(2)划分海上搜救区域，建立区域准入机制。南海海域辽阔，在南海海域科学地划分海上搜救区域，可以明确周边各国具体的海上搜救义务，更加有效地保障海上航行安全。面对跨国搜救时，完备的准入机制能大大地减少进入他国领海实施救援的响应时间，提高遇险人员的生存率。

(3)完善海上搜救激励机制。海域过往船舶等是海上搜救中不可忽视的力量，拥有专业海上搜救队伍所不具备的优势。应制定相应的奖励和激励机制，积极奖励在海上搜救过程中作出贡献的组织或个人，从而调动社会力量加入海上搜救行动的积极性，提高海上救助效率。

7.4 本章小结

本章建立了一种顾及海上船舶航速的海上搜救服务能力评价模型，评价了海上搜救时空可达性，分析了海上搜救服务能力。研究的具体内容和结果如下：

(1)建立顾及海上船舶航速的海上搜救服务能力评价模型。该模型包括四个步骤：首先，考虑海洋条件对船舶航速的影响，计算搜救船舶的救援可达时间；然后，从时间和服务覆盖两个视角，构建了三个评价指数，即一次覆盖率、加权覆盖率和加权平均可达时间，用于评价海上搜救服务能力；接着，考虑联合与非联合海上搜救，分析了两种情景下南海海上搜救服务能力；最后，利用平均绝对误差对分析结果进行验证。

(2)非联合搜救情景下南海周边国家海上搜救能力评价。应用建立的模型评价非联合搜救情景下南海周边四个国家(中国、越南、马来西亚和菲律宾)的海上搜救服务能力。结果发现，中国和马来西亚的最长救援可达时间超过40小时，而越南和菲律宾最长救援可达时间也达到30小时左右。四个国家的一次覆盖率指数排序为越南>马来西亚>中国>菲律宾，越南的一次覆盖率最高处于级别"中"，其他三个国家的一次覆盖率均处于级别"差"。而对于加权覆盖指数，排序为马来西亚>菲律宾>中国>越南。马来西亚最高，处于级别"中"，其他国家同样均处于级别"差"。此外，在加权平均可达时间指数上，越南的加权平均可达时间最短，其次分别是菲律宾、马来西亚、中国。四个国家中，只有中国的加权平均可达时间指数处于级别"非常差"，而其他三个国家均处于级别"差"。指数分析结果进一步表明了南海周边任何一个国家尚不具备承担整个南海海域的海上搜救服务的能力。

(3) 联合搜救情景下南海海上搜救能力评价。应用建立的模型评价联合搜救情景下南海海上搜救服务能力。结果发现，最长救援可达时间少于 15 小时，而一次覆盖率、加权覆盖率和加权平均可达时间均处于级别"好"，比较非联合与联合搜救情景下的指数结果，可以发现实施海上联合搜救机制能极大地提高在南海海域的海上搜救服务能力。同时，针对目前南海实施海上联合搜救机制存在的问题，提出了三条建议：①制定海上搜救合作的相关法律法规，建立联合搜救指挥中心；②划分海上搜救区域，建立区域准入机制；③完善海上搜救激励机制。

第8章 海上岛礁搜救基地选址

时间是海上搜救过程中的关键因素，搜救响应时间越短，遇险人员和船舶的获救率就越高(Shi et al.，2014)。对于建立一个快速响应的海上搜救系统，优化搜救基地的空间布局，缩短搜救响应时间是重要的一步(Akbari et al.，2018a)。正如上一章所提及的，南海周边国家在南海海域已经建立了许多海上搜救基地，但绝大多数基地都位于沿海区域。因此，搜救船舶很可能无法在有效的救援时间内到达偏远海域的事故现场(Azofra et al.，2007)，以造成不必要的后果。在这种情况下，南海岛礁被认为是建立搜救基地的合适位置。建立海上岛礁搜救基地，是提高南海偏远海域海上搜救能力重要策略之一(Shi et al.，2014)。自2010年以来，南海周边国家（包括中国、越南、马来西亚和菲律宾）已经在该海域部分岛礁上建造了人工设施，并宣布正在建造的这些人工岛主要是用来提供国际公共服务，例如海上搜救服务(Dolven et al.，2015)。通常，建立的海上搜救基地数量越多，越能缩短搜救响应时间。但是，用于建立搜救基地的可用预算总是有限的，因此，不可避免地要进行成本和效益的权衡(Liu et al.，2016a)。将有限数量的海上搜救基地进行空间布局优化，对于维持经济高效的海上搜救系统和有效的应急响应服务至关重要。

近年来，关于海上应急设施选址问题，全球已有许多学者从多个角度展开研究，并取得了一系列研究成果(Razi, Karatas, 2016; Zhang et al.，2017a; Akbari et al.，2018a)。但尚无研究调查海上岛礁搜救基地的最佳位置，以提高偏远海域海上搜救服务能力。本研究建立了一个基于港岛协同的海上岛礁搜救基地选址模型，确定海上岛礁搜救基地的最佳位置。然后，将建立的模型应用于南海海域，获得最优海上岛礁搜救基地布局方案。南海海域辽阔，包含200多个岛礁、浅滩、礁石和沙洲等。在这些岛礁中，选择合适的岛礁建立海上搜救基地，可以极大地提高南海的远海搜救能力。

本章共分为四节。首先，选择有潜力建设为海上搜救基地的岛礁，作为候选岛礁；然后，设计了港岛协同情景，进一步构建了海上岛礁搜救基地选址模型；接着，将建立的模型应用于南海海域，确定最佳的海上岛礁搜救基地选址方案；最后，总结本章的主要内容和结果。海上岛礁搜救基地选址优化流程如图8.1所示。

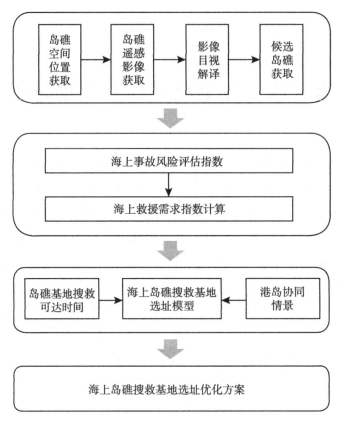

图 8.1 海上岛礁搜救基地选址优化流程图

8.1 候选岛礁的选取原则与方法

8.1.1 选取原则

设施位置选址可以看作一个位置分配过程,而在位置分配问题中,潜在的位置站点可以分为两种类型:离散或连续(Wang et al.,2015)。离散问题是在预先有限数量的点中选择潜在设施的位置,而连续问题则允许候选设施位置是在一个连续的空间(Murray et al.,2008;Matisziw,Murray,2009)。海上岛礁搜救基地选址问题可以看作一个离散的位置问题。首先,可以依据某些具体原则选择一定数量的海上岛礁作为建立海上搜救基地的候选位置。进而,使用特定的约束条件来选择最合适的岛礁建立海上搜救基地(Gwak et al.,2017)。例如,由于海上岛礁远离大陆,建设过程需要耗费巨大的人力、物力。因此,应当考虑海上岛礁搜救基地的建设过程耗时应当尽可能短,更可靠且更具经济效率。在本研究中,从成本效益的原则出发,选择已经被开发了的岛礁作为海上岛礁搜救基地的候选位置。

具体而言,沿海港口通常是船舶的始发地、中转地或目的地。根据当前海上搜救基地的实际分布情况,搜救基地常常建在沿海港口区域,为附近海域内通行的船舶提供安全保障。主要原因在于,港口附近海域的海上交通条件较好,港区内也已经建有较为完善的各种基础设施和相应的装备,这些均有助于应急搜救资源的存放、管理和调度。最重要的是,良好的集疏运条件能够确保应急资源快速地到达搜救基地的码头,而完善的通航条件和导航助航设备则保证在海上事故发生时,搜救船舶能够快速地从搜救基地派出。此外,港口一般都装备一定数量的港作拖轮,用于日常靠泊辅助、船舶拖带等船舶港口作业,可以在必要时充当搜救装备。因此,本研究将已经建有港口或码头的海上岛礁作为建设搜救基地的候选位置。

8.1.2 候选岛礁搜救基地选取方法

南海海域有超过200个岛礁、沙洲等,具有大小不一、空间分布广等特点。遥感技术具有获取信息量大、观测范围广、精度高等优点,现已成为海上岛礁监测与评估的主要工具(Duan et al.,2016)。因此,本研究通过对海上岛礁的遥感图像进行目视解译,识别有潜力建设为海上搜救基地的南海岛礁。具体而言,如果某一南海岛礁上已经建造了港口、码头等相关设施,则该岛礁将被选为建设搜救基地的候选位置。

目视解译,又称目视判读,是一种常用的遥感图像解译方法,主要是指工作人员采用直接观察或利用辅助判读设备在遥感影像上获得目标地物重要信息的过程。解译的基本过程包括依据相关方法和已经获得的先验知识,利用各种解译标志,在遥感图像上判别、分析目标地物,揭示该地物的性质、状态、特征及联系,并形成数字化地图等一系列的工作。一般通过直接判读法、对比分析法等方法对遥感影像进行识别判读,并对其进行矢量化特征提取。在进行目视解译前,首先,需要根据研究目的选定研究区,并对研究区范围内,特别是对目标对象周边的自然环境、经济社会条件等做充分的了解,在此基础上,以目标地物为提取对象建立相关解译标志,作为遥感图像中目标地物判识的特征和标准,直接标志具体包括地物的颜色、形状、纹理和位置布局等;而间接标志则是通过综合分析遥感影像,并建立地物直接的关联和差异。遥感影像中包含的丰富信息,即光谱信息、纹理信息以及空间几何信息等,为建立这些解译标志提供了基础(赵英时,2003)。

本研究利用谷歌地球(Google Earth)公开发布的遥感影像进行目视解译,判别岛礁上是否存在港口、码头等相关设施。谷歌地球提供的遥感影像分辨率足够高,符合此研究过程中目视解译对影像的要求。研究利用谷歌地球下载了南海所有岛礁的遥感影像。以太平岛为例，图 8.2 显示了谷歌地球上提供的太平岛遥感影像。根据上述原则，使用 ArcGIS 软件对从谷歌地球获取的南海岛礁遥感影像进行目视解译，选择满足预设条件的岛礁作为候选的海上岛礁搜救基地建设地点。相关决策者可以根据自己的具体需求，调整选址问题中潜在站点的数量(Park，Sohn，2017)。

图 8.2　谷歌地球提供的太平岛遥感影像(拍摄日期：2019/06/01)

8.2　基于港岛协同的海上岛礁搜救基地选址模型构建

在根据候选海上岛礁基地选取原则获得候选岛礁后，就可以从中进一步确定建设海上搜救基地的岛礁。为此，研究建立了基于港岛协同的海上岛礁搜救基地选址模型，主要包括三个步骤：①评估海上救援需求；②设计港岛协同情景；③建立基于港岛协同的海上岛礁搜救基地选址模型。

8.2.1　基于风险指数的潜在救援需求评估

在应急设施位置选址分析中，通常假设在做出选址决策时知道需求位置，主要原因在于这些设施的建设目标是在有效时间内满足尽可能多的需求。因此，在建设海上搜救基地之前，需要对责任海域内的潜在救援需求进行评估（Gwak et al.，2017）。实际上，未来需求的位置通常存在不确定性，而这些变化对预测的方法提出了更高的要求。一般而言，船舶事故发生的次数与海域内的船舶密度成正比（Li et al.，2018）。显然，随着海上船舶密度的增大，船舶航行的安全风险将会更高，事故发生的概率越大。此外，尽管在任何地点都有可能发生海上事故，但船舶在某些海域内的事故风险却更高。

鉴于潜在需求变化可能会极大地影响决策的结果，一系列的需求计算方法被提出，包括点密度分析、核密度估计等。其中，许多研究利用历史事故数据预测将来可能发生的事故的空间位置（Akbari et al.，2018a）。尽管历史数据可以作为未来事件发生的有力预测指标，但是此方法隐含了一个假设，即未来的行为将与过去完全相同。因此，使用此方法会忽略过去记录中未发生任何事故区域的潜在需求，从而导致对需求估计产生偏差。在此背景下，风险这一概念被引入海上交通领域（Zhang et al.，2013b；Goerlandt，Montewka，2015；Fan et al.，2020）。海上事故风险被视为船舶在海上发生意外事故的可能性，它可以用来描述的潜在救援需求（Akbari et al.，2018b；Karahalios，2018）。因此，本研究利用海上事故风险指数来评估南海海域潜在的救援需求，计算公式如下：

$$D_k^{\text{rescue}} = \text{MTR}_k^{\text{index}} \tag{8-1}$$

式中，D_k^{rescue} 为海域网格 k 处的潜在救援需求指数，$\text{MTR}_k^{\text{index}}$ 为海域网格 k 处的海上事故风险指数，该值为第 5 章计算结果，即为危险性指数与脆弱性指数的乘积。为了更好地表征潜在救援需求特征，现将潜在救援需求分为 15 级，其中，15 级的救援需求最大。

8.2.2 港岛协同情景

根据当前海上搜救基地的实际分布，搜救基地通常建立在沿海港口区域，为附近海域的船舶通行提供安全保障。正如第 6 章的分析结果，沿海搜救基地能很好地为航行在近海海域的船舶提供海上搜救服务，但无法为在偏远海域遇险的船舶提供及时有效的帮助。南海海域有众多岛礁，其中不少岛礁建有完善的人工设施，如永兴岛、美济礁等，具备提供海上搜救服务的潜力。在远海海上岛礁建立海上搜救基地，则能极大地提高远海海域遇险人员的救助效率。研究设计近岸沿海搜救基地与海上岛礁搜救基地协同情景，分析海上搜救效能提升情况。

8.2.3 基于港岛协同的海上岛礁搜救基地选址模型

1. 问题提出及假设

由于南海海域面积广阔,搜救船舶在救援黄金时间内所能到达的海域范围有限,因而需要建立多个搜救基地,才能够在有效时间内在更大的海域执行搜救任务,尤其需要在合适的地点建立海上岛礁搜救基地,以尽可能提高远海海上搜救能力。但是一方面,海域内岛礁的数量有限;另一方面,岛礁远离陆地,建立海上岛礁搜救基地会耗费巨大的人力与物力。因此,选择合适数量与合适位置建立搜救基地始终是主要问题,尤其是远海海域搜救基地位置选址。

海上岛礁搜救基地的选址问题可以视为有限数量候选岛礁的多搜救基地选址问题。在实际基地选址过程中,如果要求建立基地的搜救服务覆盖所有的海域,则可能会大大增加搜救基地的数量,或者通过提高搜救装备的能力(例如,提高救援船舶的最大航速)来扩大服务半径,这些均会导致过高的建造和维持成本。因此,在有限预算内,需要找到一个最佳的海上岛礁搜救基地建设方案。为达到这一目标,通常选择在确定的应急设施数量下,使得设施有效服务范围内所覆盖的需求点总价值(人口、房屋等)最大。因而,本章有限数量岛礁的多搜救基地选址问题的目标是在已知搜救基地服务覆盖半径的基础上,确定 N 个搜救基地的位置,使其能够服务的需求点数量最多。

本章的模型假设如下:

(1)将研究区内的海域网格化,每个网格的值表示为救援需求,当搜救基地的服务半径包括网格中心时,则该网格视为在搜救基地的服务半径内。

(2)海上岛礁搜救基地的服务半径为搜救船舶的 6 小时可达时间范围(Akbari et al.,2018a)。

(3)尽管搜救装备包括直升机、船舶等,但搜救船舶仍是最常使用的。本研究以搜救船舶作为主要搜救力量,船舶的静水航速设为 30 节。

2. 模型建立

在一个应急设施选址问题中,许多研究通过建立数学模型,试图在有限的资源里找到能够提供最大服务的设施布局方案(Başar et al.,2012;Zhu et al.,2016)。其中,Church 和 Revelle 提出的经典最大覆盖模型,已经被许多学者广泛采用或扩展应用于多个领域,例如应急设施选址(Garner,van den Berg,2017;Zhang et al.,2017a)、地面雨量站选址(Wang et al.,2017)、交通基础设施选址(Asamer et al.,

2016)等。经典最大覆盖模型旨在找到固定数量设施的最佳位置,以在预定的距离/时间内提供尽可能多的服务(Yin,Mu,2012)。本研究基于Church和ReVelle(1974)提出的经典最大覆盖模型,建立了基于港岛协同的海上岛礁搜救基地选址模型,确定海上岛礁搜救基地的最佳位置。在所有近岸搜救基地统一提供搜救服务的基础上,本模型的目标是使建立的海上岛礁搜救基地能在预定的服务半径范围内最大化覆盖潜在的救援需求。构建的海上岛礁搜救基地选址模型如下:

$$\text{Max} z = \sum_{i \in I} w_i y_i \tag{8-2}$$

s.t.

$$y_i - \sum_{j \in N_i} x_j \leq 0 \ (i \in I) \tag{8-3}$$

$$\sum_{j \in J} x_j = P \tag{8-4}$$

$$N_i = \{j \in J \mid t_{ij} \leq T\} \ (i \in I, j \in J) \tag{8-5}$$

$$x_j = \begin{cases} 1, & \text{岛礁} j \text{被选作搜救基地} \\ 0, & \text{否则} \end{cases} \tag{8-6}$$

$$y_i = \begin{cases} 1, & \text{需求点} i \text{被覆盖} \\ 0, & \text{否则} \end{cases} \tag{8-7}$$

式中,I是救援需求点的集合,$I=(1, 2, \cdots, i)$,J是候选海上岛礁搜救基地的集合,$J=(1, 2, \cdots, j)$,w_i是救援需求点i的需求值,t_{ij}是位置i和j之间的海上救援可达时间,T是海上搜救基地可接受的最大服务半径所对应的船舶可达时间,N_i是服务半径能够覆盖救援需求点i的海上救援基地j的集合,P是要建立的海上搜救基地的岛礁数量,x_j是海上岛礁搜救基地j的二元变量,y_i是救援需求点i的二元变量。此处救援可达时间利用第6章中已经建立的救援可达时间模型计算获得。

目标函数(8-2)表示选择的海上岛礁搜救基地在有效范围内提供的服务应该能够覆盖最大的救援需求。

约束条件(8-3)保证只有当救援需求点i能够被海上岛礁j覆盖,同时海上岛礁j被选为海上搜救基地时,救援需求点i才会视作被搜救基地所覆盖。

约束条件(8-4)设定了海上岛礁搜救基地的建设数量。

约束条件(8-5)表示救援需求点i和满足覆盖救援需求点i的搜救基地j之间的可达时间小于最大的服务时间T。参考已有研究(Akbari et al., 2018a; Zhou et al., 2019),T设置为6小时。

约束条件(8-6)限定x_j仅当海上岛礁j被选为海上搜救基地时才为1,否则为0。

约束条件(8-7)限定y_i仅当海上救援需求点i被搜救基地覆盖时才为1,否则为0。

8.3 南海海上岛礁搜救基地选址优化结果

8.3.1 候选岛礁确定

南海海域有超过 200 个岛礁、浅滩、礁石和沙洲等，它们可以被视为建造海上搜救基地的潜在地点。事实上，在南海周边国家中，包括中国、菲律宾、越南和马来西亚已经在南海海域的一些岛屿和礁石上建立了许多基础设施项目，包括房屋、港口和机场等。目前，永兴岛、太平岛、中业岛、永暑礁等在所有的岛礁中拥有最完善的基础设施。特别地，一些海上岛礁已经具备了提供海上搜救服务的能力。其中，中国于 2019 年初步在永暑礁建立了海上救援中心，以提供更好的航行安全保障（Zhou，2020d）。

根据上述的候选岛礁选取原则与方法，利用谷歌地球提供的南海岛礁遥感影像，采用目视解译方法，从众多海上岛礁中提取了所有符合条件的岛礁。结果显示共有 25 个岛礁可以作为海上岛礁搜救基地的候选位置。选择的候选岛礁如表 8-1 所示。

表 8-1　　候选岛礁

序号	岛礁名称	位置坐标
1	永兴岛	(16°49′N, 112°20′E)
2	东沙岛	(20°43′N, 116°42′E)
3	太平岛	(10°22′N, 114°21′E)
4	中业岛	(11°03′N, 114°17′E)
5	南威岛	(8°38′N, 111°55′E)
6	弹丸礁	(7°24′N, 113°50′E)
7	永暑礁	(9°37′N, 112°58′E)
8	美济礁	(9°54′N, 115°32′E)
9	渚碧礁	(10°54′N, 114°03′E)
10	南子岛	(11°26′N, 114°20′E)
11	双黄沙洲	(10°42′N, 114°22′E)
12	敦谦沙洲	(10°23′N, 114°28′E)
13	南薰礁	(10°13′N, 114°12′E)
14	鸿庥岛	(10°11′N, 114°22′E)
15	东门礁	(9°54′N, 114°29′E)
16	景宏岛	(9°52′N, 114°20′E)

续表

序号	岛礁名称	位置坐标
17	染青沙洲	(9°54′N, 114°34′E)
18	赤瓜礁	(9°43′N, 114°16′E)
19	毕生礁	(8°58′N, 113°42′E)
20	华阳礁	(8°51′N, 112°49′E)
21	西礁	(8°52′N, 112°15′E)
22	中礁	(8°55′N, 112°22′E)
23	安波沙洲	(7°54′N, 112°54′E)
24	南海礁	(7°58′N, 113°55′E)
25	南钥岛	(10°40′N, 114°25′E)

8.3.2 海上岛礁搜救基地选址优化方案

Shi 等(2014)的研究结果显示,海上巡逻艇的排水量通常比沿海巡逻艇的排水量大(超过1000吨)。这些巡逻艇的最高速度达到20至30节,航程超过3000海里。因此,在本研究中,选择海上巡逻艇作为海上搜救的主要搜寻力量,并且将其在静水中航行的最高速度设定为30节。此外,对于海上岛礁搜救基地的服务半径,参考Akbari 等(2018a)的研究成果,设定为搜救船舶从海上搜救基地出发6小时内可到达的海域。通过使用商业优化软件Lingo(版本16.0)求解建立的基于港岛协同的海上岛礁搜救基地选址模型,确定不同海上岛礁搜救基地数量(P)下的最优建设方案,所获得的搜救基地选址方案能够提供最广泛的救援需求覆盖。

表 8-2 显示了建设不同海上岛礁搜救基地数量下的最佳基地布局方案。当设定不同搜救基地数量时,即获得相应的布局方案。例如,当选择只建设1座海上岛礁搜救基地时,永兴岛是最佳的搜救基地建设位置。主要原因是永兴岛距离陆地相对较近,且位于从新加坡海峡到台湾海峡的海上航线附近,因而有很多船舶通行。因此,在永兴岛上建立海上搜救基地,能覆盖更广泛的救援需求,在有效时间内能为更多的船舶提供服务。

表 8-2 海上岛礁搜救基地选址优化方案

数量(P)	岛礁名称	覆盖增长率 $\frac{(Z_{i+1} - Z_i)}{Z_i}$
1	永兴岛	—

续表

数量（P）	岛 礁 名 称	覆盖增长率 $\frac{(Z_{i+1} - Z_i)}{Z_i}$
2	永兴岛、弹丸礁	50.47%
3	永兴岛、南威岛、美济礁	26.41%
4	永兴岛、南威岛、美济礁、南子岛	19.10%
5	永兴岛、南威岛、美济礁、南子岛、弹丸礁	14.28%
6	永兴岛、南威岛、美济礁、南子岛、弹丸礁、永暑礁	1.98%
≥7	—	0

研究进一步定义了覆盖增长率指数，以此来表达海上岛礁搜救基地数量增加后，服务覆盖率的增加情况。结果显示，当建设的海上岛礁基地数量从 1 个增加到 2 个时，覆盖的服务范围增长率最高，达到 50.47%。此后，增加新的岛礁基地数量，其覆盖增长率逐渐变小。在建设 6 个岛礁基地时，覆盖增长率只有 1.98%，而当建立的海上岛礁搜救基地数量增加 7 个时，救援需求的覆盖增长率等于 0。说明在南海海域，海上岛礁基地数量达到 6 个后，再建立任何其他搜救基地都不会增大海域内新有效服务范围。即当选择在永兴岛、南威岛、美济礁、南子岛、弹丸礁、永暑礁这 6 个岛礁上建立海上搜救基地后，在有效服务范围内，已经覆盖了最广泛的救援需求。在此背景下，相关决策者可以依据预算和自身需求来设定基地建设数量，从而获得相应的岛礁基地建设方案。

8.3.3 多方案比较分析

与应急服务站位置相关的诸多评价因素中，可达时间和服务覆盖率是衡量应急服务系统性能最广泛使用的标准（Enayati et al., 2019; Yao et al., 2019）。在本章中，前者定义为加权平均可达时间，即以救援需求作为权重来计算全海域的加权平均可达时间，而后者则定义为一次覆盖率，即搜救基地服务半径内的海域面积占总海域面积的比值。表 8-3 比较了不同数量海上岛礁搜救基地选址方案的指标计算结果。可以发现，加权平均可达时间随着海上岛礁搜救基地数量的增加而逐渐减小。当不建立海上岛礁搜救基地（$P=0$）时，现有的沿海搜救基地覆盖了南海海域 61.52% 的面积，南海大部分偏远海域还需提高海上搜救服务水平。这也说明了建设其他海上岛礁搜救基地的必要性。在选定的 6 个海上岛礁搜救基地建成运行后，加权平均可达时间将减少 1.1 h，而一次覆盖率将从 61.52% 增加到 78.91%。

8.3 南海海上岛礁搜救基地选址优化结果

表 8-3　　不同海上岛礁搜救基地选址方案的指标比较

岛礁搜救基地数量	一次覆盖率	加权平均可达时间(h)
0	61.52%	5.22
1	65.46%	4.87
2	69.12%	4.64
3	73.01%	4.39
4	76.22%	4.21
5	77.08%	4.15
6	78.91%	4.12

在港岛协同情景下，图 8.3 进一步显示了建设不同海上岛礁搜救基地数量的优化选址方案的可达时间空间分布图，其中建设为海上搜救基地的岛礁数量(P)从 0

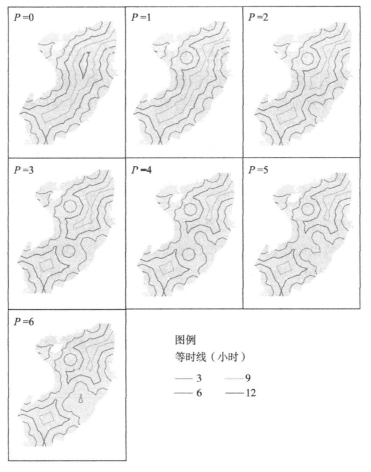

图 8.3　不同海上岛礁搜救基地优化方案的可达时间空间分布示意图

增加到6。当前，南海周边沿海搜救基地在空间上分布较为均匀，近海海域的救援可达时间较短(小于3小时)，说明了可以为近海海域提供高效的海上搜救服务。但基本上无法在有效时间内进行远海救援工作，其最大可达时间超过12小时。当建立1个搜救基地后，即永兴岛海上搜救基地，可以大大缩短中沙群岛海域的可达时间(见$P=1$)。此时中沙群岛海域的可达时间小于6小时。就整个南海海域而言，仅部分海域的可达时间超过9小时。分析其他海上岛礁优化建设方案($P=2\sim6$)可以发现，除永兴岛以外，其他岛礁均位于南沙群岛海域，这也极大地提高了该区域的海上搜救服务水平。当建设6个岛礁搜救基地($P=6$)时，南海群岛附近大部分海域的救援可达时间小于3小时。

8.4 本章小结

本章构建了海上岛礁搜救基地选址模型，确定了最佳的海上岛礁搜救基地选址方案。研究的具体内容和结果如下：

(1)选取候选海上岛礁。考虑将海上岛礁建设为海上搜救基地，从而增强远海海域的海上搜救能力。利用遥感影像，借助目视解译方法选择已经建立港口或码头的岛礁作为候选海上岛礁搜救基地。结果表明，在南海有25座岛礁可以作为候选海上岛礁搜救基地。

(2)建立基于港岛协同的海上岛礁搜救基地选址模型。基于第5章计算的海上事故风险评价结果，利用风险指数计算海域各位置潜在的救援需求。然后，考虑近岸搜救基地与海上岛礁搜救基地协同，设计港岛协同情景，建立海上岛礁搜救基地选址模型，从而确定有限数量海上岛礁搜救基地的最优选址方案。

(3)确定南海海上岛礁搜救基地最优选址方案。将建立的海上岛礁搜救基地选址模型应用于南海海域，确定不同海上岛礁搜救基地建设数量下的最优选址方案。结果表明，当岛礁搜救基地数量达到6个后，再增建任何其他搜救基地也不会增大现有服务范围。具体而言，当选择在永兴岛、南威岛、美济礁、南子岛、弹丸礁、永暑礁这6个岛礁上建立海上搜救基地后，加权平均可达时间将减少1.1 h，而一次覆盖率将从61.52%增加到78.91%。

第9章 海上搜救船舶巡航路径规划

通常，当在海上航行的船舶遇到危险并发出求救信号时，海上搜救相关部门在接到这一请求后，应迅速指挥救援船舶搜寻遇险者并帮助其脱离危险(Karahalios, 2018)。然而，通信信号在遇到恶劣的海洋环境时可能发生传送失败或传送滞后等情况。此外，搜救基地和遇险船舶之间可能存在着较长距离，均会阻碍快速及时的搜救响应(Nordström et al., 2016; Huang et al., 2019b)。因此，建立一支海上巡航的救援船队，以提供及时高效的援助显得十分重要(Huang et al., 2019b; Zhou et al., 2020c)。搜救船舶的日常巡航是海上搜救服务中的一项重要内容，以确保海上船舶航行的安全。为了更好地完成日常巡航任务，最重要的步骤是在特定目标需求下设计出一条最佳的巡航路径，其目的是使设计的路径具有最佳的巡航性能，例如，实现最大的救援需求覆盖率(Jeong et al., 2019)。

尽管海上路径规划已经取得了一些进展，但对现有研究分析表明，它们主要集中在设计或优化路径规划算法上，例如以最小化成本为目标设计船舶的航行路径。目前还没有研究涉及海上搜救船舶的巡航路径设计与可视化，特别是考虑到潜在的救援需求，这对提高船舶海上航行安全至关重要。本研究建立了一种基于救援需求覆盖最大化的海上搜救船舶巡航路径规划模型，用于确定海上搜救船舶日常巡航的最佳路径。该方法首次将多属性决策、地理信息系统(GIS)和线性优化纳入海上巡航路径规划中。为了证明所提出方法的有用性和适用性，研究在南海的东北部海域进行了案例分析，所得研究结果可以为相关海事部门在规划海上巡航路径方面提供技术支持。

本章共有四节。首先，提出巡航区划分方法，即利用可达时间阈值，为各海上搜救基地划分巡航区域，并分为专属巡航区域与联合巡航区域；然后，建立基于救援需求覆盖最大化的海上搜救船舶巡航路径规划模型；接着，将建立的模型应用于南海北部海域，并以阳江搜救基地为例，确定不同航程下搜救船舶的最佳巡航路径；最后，总结本章的主要内容和结果。海上搜救船舶巡航路径规划流程如图9.1所示。

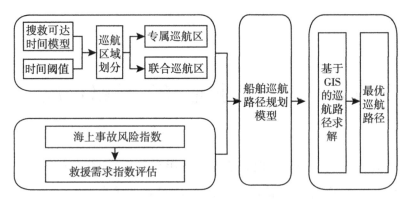

图 9.1　海上搜救船舶巡航路径规划流程图

9.1　巡航区分配方法

9.1.1　巡航区定义

通常，为应对海上事故，提高海上搜救能力，各国在沿海区域建立了一系列海上搜救基地，并装备了多种救援设备，包括海上搜救船、拖曳船、医疗船等（Shi et al., 2014）。搜救船除了在海上事故发生时执行搜救任务，还会在海上搜救基地管辖的巡航区域内定期执行常态化巡航任务。巡航区域是指分配了一个或多个海上搜救基地的海洋地理区域。由于海域面积广阔，一片海域通常会被划分为几个巡航区域，来均衡每个搜救基地的工作量，以提供更好的服务（Chen et al., 2019）。本研究将巡航区域划分为两类：专属巡航区和联合巡航区。专属巡航区是指从海上搜救基地出发，救援可达时间少于某一预设阈值且仅由一个海上搜救基地负责日常巡航的区域。联合巡航区则是指从海上搜救基地出发，救援可达时间大于某一预设阈值且所有救援基地共同负责日常巡航的区域。专属巡航区和联合巡航区示例如图9.2 所示。

9.1.2　搜救基地巡航区划分

中国在南海北部海域建立了多个海上搜救基地。研究利用有效时间内的服务范围为海上搜救基地划分各自的巡航区域。首先，利用第 6 章已经建立的救援可达时间模型，获得全海域各个位置的救援可达时间。同第 6 章一样，建立救援可达时间模型主要有以下两步：①计算实际船速；②计算救援船舶的救援可达时间。实际船

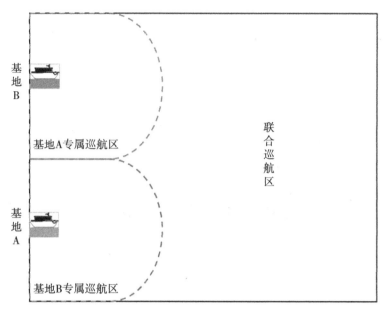

图 9.2 专属巡航区和联合巡航区示例

速的计算公式如下:

$$S_i = S_0 - f(\theta_i) H_i^2 \tag{9-1}$$

$$f(\theta_i) = \begin{cases} 0.0083, & 0° \leq \theta_i \leq 45° \\ 0.0165, & 45° < \theta_i < 135° \\ 0.0248, & 135° \leq \theta_i \leq 180° \end{cases} \tag{9-2}$$

式中,S_i 表示船舶在海域网格 i 处航行的实际速度,S_0 表示船舶在静水中的速度,$f(\theta_i)$ 为海域网格 i 处的波浪与船只航行方向系数,θ_i 表示海域网格 i 处波浪与船舶航行方向夹角,H_i 为海域网格 i 处有效波高。

在获得海上船舶实际航速后,计算每个搜救基地到达海域内各个网格的可达时间,并将其中最短可达时间定义为到达该网格的海上救援可达时间,具体计算公式如下:

$$T_{iM} = \sum_{i \in N} \frac{l}{S_i} \tag{9-3}$$

$$\text{RT} = \text{Min}(T_{i1}, T_{i2}, \cdots, T_{iM}) \tag{9-4}$$

式中,T_{iM} 表示从海上搜救基地 M 到海域网格 i 的可达时间,l 表示船舶通过网格的路程(即网格边长),S_i 表示船舶在海域网格 i 处航行的实际速度,N 表示船舶在最短时间内从搜救基地 M 到海域网格 i 处所通过网格的集合,RT 表示船舶救援可达

第 9 章 海上搜救船舶巡航路径规划

时间。

最后,通过对救援可达时间设置阈值来划分各个搜救基地的巡航区域,包括专属巡航区和联合巡航区。海上搜救基地 M 的专属巡航区为从基地出发救援可达时间小于阈值的海域网格区域所构成的范围。

$$ZS_M = \{i \mid i \in I \text{ 且 } RT_i \leqslant T\} \tag{9-5}$$

式中,ZS_M 表示海上搜救基地 M 的专属巡航区,RT_i 表示网格 i 处的救援可达时间。本章根据与海洋专家的讨论,将救援可达时间阈值设置为 4 小时。海域内所有专属巡航区域之外的区域即为联合巡航区域。

9.2 海上搜救船舶巡航路径规划模型构建

在确定海上搜救基地的巡航区域后,就可以进一步规划巡航区内搜救船舶的巡航路径。本研究构建了一种救援需求覆盖最大化的海上搜救船舶巡航路径规划模型,主要由三个步骤组成:①评估海上救援需求;②建立海上搜救船舶巡航路径规划模型;③基于 GIS 最小成本路径算法的巡航路径求解。

9.2.1 海上救援需求评估

在常态化巡航中,规划的巡航路径应当能够实现最佳的巡航效能,即能够覆盖最多的潜在救援需求。为此,首先要评估海上救援需求。本章同样利用海上事故风险指数来评估海上潜在救援需求。海上事故风险被视为船舶在海上发生意外事故的可能性,它可以用来表示海上潜在救援需求(Hu et al., 2007; Zhou et al., 2019)。因此,本研究利用海上事故风险指数来评估南海海域潜在的救援需求,公式如下:

$$D_k^{\text{rescue}} = \text{MTR}_k^{\text{index}} \tag{9-6}$$

式中,D_k^{rescue} 为网格 k 处的潜在救援需求指数,$\text{MTR}_k^{\text{index}}$ 为网格 k 处的海上事故风险指数,即为危险性指数与脆弱性指数的乘积。为更好地表征潜在救援需求,将潜在救援需求分为 15 级,其中,15 级的救援需求最大。

9.2.2 基于救援需求覆盖最大化的海上搜救船舶巡航路径规划模型

1. 问题提出及假设

加强海上巡航是国家或部门加快海上应急反应速度、提高应急响应能力的一项重要手段。日常巡航可以缩短处理与处置突发事件的时间,提高船舶航行安全。目前船舶巡航方案主要是搜救船舶在所管辖海域内进行常规巡航。因此,如何规划搜救船舶的巡航路径是首要问题。合适的船舶巡航路径应该经过海上事故高发的区域,以便在事故发生后,能提供快速有效的救援服务。

本章模型假设如下:

(1)巡航路径为两条路段,即出发路径和回程路径。

(2)一条巡航路径上只有一艘巡逻船执行巡航任务。

(3)巡航路径穿过某个网格时,该网格的救援需求视为被搜救船舶覆盖。

(4)巡航路径的起点和终点为同一位置。搜救船舶从某一搜救基地出发沿巡航路径航行后回到原基地。

2. 模型建立

本研究以救援需求覆盖最大化为目标,使用线性规划方法构建了海上搜救船舶巡航路径规划模型,确定了常规巡航中救援船的最佳路径。在完成任何一项巡航任务时,经过的路径能覆盖最大的救援需求。所建立的模型将搜救船舶的巡航路径分为两部分,包括出发路径和回程路径。出发路径表示搜救船舶从海上搜救基地出发,航行到搜救船舶决定返回的返回点位置的路径。回程路径则表示搜救船舶从返回点的位置返回海上搜救基地的路径。

在此背景下,构建了基于救援需求覆盖最大化的海上搜救船舶巡航路径规划模型,如下所示:

$$\text{Max} z = \sum_{i,j \in N} R_{ij} x_{ij} + \sum_{i,j \in N} R_{ij} y_{ij} \tag{9-7}$$

s.t.

$$\sum_{i,j \in N} x_{ij} + \sum_{i,j \in N} y_{ij} = L \tag{9-8}$$

$$x_{ij} \times y_{ij} = 0 \tag{9-9}$$

$$x_{ij} = \begin{cases} 1, & \text{出发路径经过网格}(i,j) \\ 0, & \text{否则} \end{cases} \tag{9-10}$$

$$y_{ij} = \begin{cases} 1, & \text{回程路径经过网格}(i,j) \\ 0, & \text{否则} \end{cases} \tag{9-11}$$

式中,i 和 j 是一个网格 (i,j) 的坐标索引,N 表示可用网格的集合,R_{ij} 表示该网格 (i,j) 的救援需求,x_{ij} 表示出发路径上每个网格 (i,j) 的二进制变量,y_{ij} 表示返回路径上每个网格 (i,j) 的二进制变量,L 是搜救船舶巡航的航程。

目标函数(9-7)使船舶巡航路径经过网格的救援需求之和最大。

约束条件(9-8)表明,出发路径的航程和回程路径的航程之和等于决策者设定的巡航航程。

约束(9-9)表示一个网格单元只能属于一条路径(出发路径或回程路径)。

约束(9-10)表示仅在出发路径通过网格(i,j)时，x_{ij}等于1，否则为0。

约束(9-11)表示仅在回程路径通过网格(i,j)时，y_{ij}等于1，否则为0。

9.2.3 船舶巡航路径求解

建立上述船舶巡航路径规划模型后，需要采用合适的算法获得搜救船舶的最佳巡航路径，并进行可视化。目前，主流的路径规划算法有Dijkstra算法、A星算法、动态规划法、最小成本路径法、遗传算法等。各种算法优劣不同，例如，Dijkstra算法可以找到所有最佳路径，正确率很高，但是计算时间长且结果路径不平滑(Dijkstra, 1959)。A星算法计算时间相对较短且不受计算精度的影响，但结果可能是局部最优，同时在搜索方向上也有一定的限制(Hart et al., 1968)。动态规划法则可以轻松处理强非线性和任何类型的约束，但具有较高的计算成本和复杂性(Cormen et al., 2009)。

考虑到计算成本和可视化效果，本研究利用GIS软件平台提供的最小成本路径算法求解所建立的船舶巡航路径规划模型。该算法具有广泛的应用，例如设计休闲长廊(Tomczyk, Ewertowski, 2013)，确定社区之间的通道(Webster et al., 2016)，建立野生动物走廊(Shirabe, 2018)以及优化输电线路等(Santos et al., 2019)。它通过在成本栅格表面上找到一条连接路径，该路径是从起点到达终点之间的一条成本最低的路径(Snyder et al., 2008)。在ArcGIS软件中，计算最小成本路径包括三个步骤(Snyder et al., 2008; Becker et al., 2017)。首先，为每个网格单元计算成本值。成本值可以表示在整个单元上移动的时间、距离、难度或风险等。接下来，通过使用COSTDISTANCE函数计算指定的像元源点与其他每个像元之间的累积成本值，从而创建一个累积成本表面。最后一步是应用COSTPATH函数，以通过最小化路径中包括的成本值之和来确定指定目标与穿越累积成本面的起点之间的最小成本路径。在这项研究中，成本栅格是救援需求的倒数，同时将模型中最大化问题转化为最小化问题，以便在计算过程中更好地应用最小成本路径算法，即目标函数修改为：

$$\text{Min} F = 1/Z \qquad (9-12)$$

其中，F是参数Z的倒数。

利用ArcGIS软件提供的"模型构建器"工具来执行此计算过程。基于模型构建器创建的船舶巡航路径规划模型的计算过程如图9.3所示。计算首先获得巡航路径中的出发路径，然后再计算获得回程路径，最后连接两个路径，即为搜救船舶的巡航路径。

此外，使用以上计算过程不仅可以确定一艘搜救船舶的最佳巡航路径，还可以为多艘搜救船舶确定最佳巡航路径，并且多条巡航路径不重复。确定多艘搜救船舶的巡航路径的计算过程主要包括以下两个步骤：①使用所提出的方法确定一艘搜救船舶的巡航路径；②从候选巡航区域中排除在第①步中获得的第一条巡航路径区域之后，可以采用相同的方法来确定另一艘搜救船舶的巡航路径，依次类推。另外，巡航路径的长度可以通过设置船舶巡航路径规划模型中的航程参数(即 L)来调整。

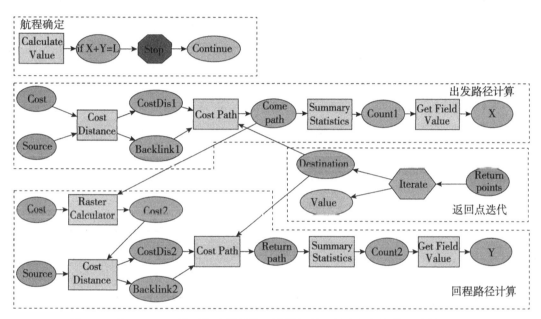

图 9.3　基于 ArcGIS 模型构建器的海上搜救船舶巡航路径规划模型计算流程图

9.3　搜救船舶巡航路径规划结果

9.3.1　海上救援需求分析

为了验证基于救援需求覆盖最大化的海上搜救船舶巡航路径规划模型的有效性，本研究将该模型应用于南海北部海域。该海域内的海上活动频繁，建有深圳港、广州港等一系列国内重要的港口，船舶密度大。根据南海救助局公布的历史数据，该区域船舶事故发生的次数较多，因此急需开展搜救船舶日常巡航任务，以便提供及时且必要的帮助。

利用提出的海上搜救需求评估方法，本研究分别获得了海上交通危险性指数、脆弱性指数及海上救援需求指数。图 9.4 则显示了该海域危险性指数、脆弱性指数及海上救援需求指数的空间分布特征。这三个指数均被统一划分为十五个等级。当对应的指数值≥10时，该区域被视为高危险、高脆弱性或高救援需求水平的海域。

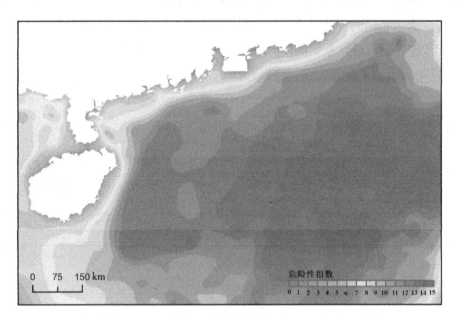

(a)危险性指数

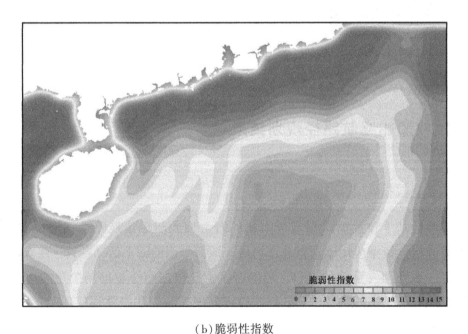

(b)脆弱性指数

图9.4 南海北部海上航行危险性空间分布特征示意图

图 9.4(a)进一步描述了南海北部海上航行危险性的空间分布特征。结果显示，约 76.4% 的研究区域位于高危险区域，表明船舶在这些区域航行时面临较大的安全威胁。这一结果强调了南海北部海域航行安全性的挑战。图 9.4(b)则显示了南海北部船舶脆弱性的空间分布特征。可以发现，脆弱性水平高的海域覆盖了研究区域面积的 39.4%。这些区域大多位于沿海地区。此外，图 9.5 则进一步显示了海上救援需求的空间变化情况。海上救援需求较高的区域覆盖了研究区域的 33.5%。显然，南海东北部近海海域的潜在救援需求明显高于其他区域，这说明了该海域存在较高的潜在海上事故风险，需要更有效的海上应急机制来保障船舶和人员的安全。

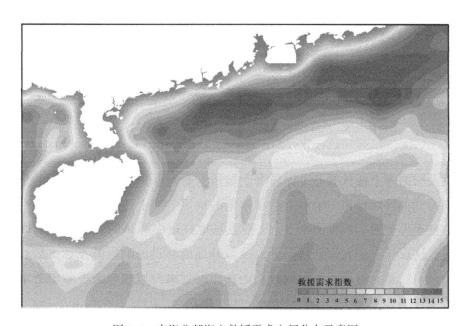

图 9.5 南海北部海上救援需求空间分布示意图

9.3.2 巡航区域划分结果

中国在南海设立了南海救助局，负责执行该海域内的海上搜救工作。南海救助局下辖汕头搜救基地、深圳搜救基地、广州搜救基地、湛江搜救基地、北海搜救基地、海口搜救基地、三亚搜救基地、阳江搜救基地。这些搜救基地的设立旨在提高南海北部海域的海上安全水平，确保对突发事件的快速响应和有效处置。研究首先利用建立的救援可达时间模型，获得南海北部海域从搜救基地出发的救援可达时间，其搜救船舶静水速度同样设定为 30 节。图 9.6 显示了这些南海北部海域搜救基地在该海域救援可达时间的空间分布情况。

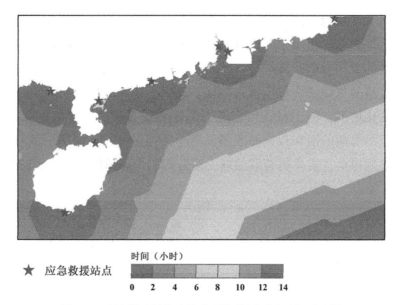

图 9.6　南海救助局海上搜救系统救援可达时间示意图

提供及时的海上搜救服务是保障海上航行安全和保护人员生命财产的重要保障措施。南海北部区域作为一个海上活动频繁的地区，海上搜救服务的及时性对于应对突发事件至关重要。根据图 9.6，从搜救基地到近岸海域的救援可达时间几乎不到 2 小时，这意味着在大部分情况下，搜救基地能够迅速响应并抵达事故现场，提供紧急救援。已建立的沿海海上搜救基地在提高近海海域的海上搜救服务水平方面起到了重要作用。

然而，偏远海域的海上搜救能力仍然存在一定的不足，需要进一步提升。这些偏远海域可能距离搜救基地较远，导致救援可达时间较长，从而影响了对遇险者的及时救助。因此，为了全面提升南海北部区域的海上搜救服务水平，需要针对偏远海域的海上搜救能力进行加强和优化，以缩短救援响应时间，提高救援效率。

在获得海域救援可达时间后，本研究通过与海事专家的讨论，将专属巡航区的范围设置为救援可达时间小于 4 小时的区域。以阳江搜救基地为例，图 9.7 展示了其巡航区域的划分情况。专属巡航区主要覆盖了阳江搜救基地救援可达时间范围内的海域，确保在此范围内的海上突发事件能够得到及时响应和救援。同时，联合巡航区与其他搜救基地的巡航区域相交叠，为跨区域联合搜救提供了支持和协助。合理划分巡航区域，能够更好地协调和调配救援资源，提高海上搜救行动的效率和加快响应速度，最大限度地保障了海上航行安全和遇险者的生命财产安全。

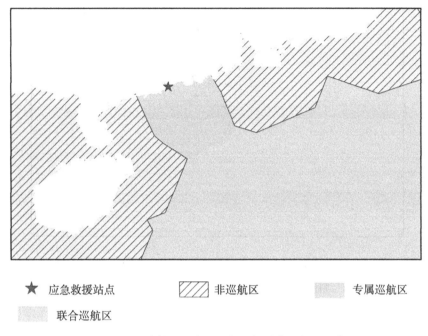

图 9.7 阳江搜救基地专属巡航区与联合巡航区示意图

9.3.3 巡航路径分析

在划分出该基地的巡航区域(见图 9.7)后,同样以南海救助局负责的阳江搜救基地为例,利用建立的基于救援需求覆盖最大化的海上搜救船舶巡航路径规划模型,确定搜救船舶的最优巡航路径。鉴于在实际执行海上救援中,"南海救 X 号"救援船多次执行了搜救任务。因此,本研究假设派遣一艘名为"南海救 X 号"的搜救船在其负责的巡航区域执行巡航任务,而巡航任务可进一步分为两类:

(1)专属巡航区内巡航。当搜救船舶只需在专属巡航区内执行巡航任务时,即将模型限定在此区域内搜索最佳巡航路径,研究计算并获得了"南海救 X 号"搜救船在专属巡航区内当航程分别设置为 150、200 海里的最佳巡航路径,如图 9.8 和图 9.9 所示。

(2)专属巡航区和联合巡航区内巡航。当考虑搜救船舶进入更远海域(联合巡航区)巡航时,即在模型中将路径搜索范围扩大到联合巡航区,假设整个航程为 250海里,图 9.10 显示了在此情景下"南海救 X 号"搜救船舶的最佳巡航路径。

由图 9.8~图 9.10 可以发现,三条巡航路径均为一条闭合的曲线,整个路径的方向均呈现逆时针方向,出发地和目的地皆为阳江海上搜救基地。通过累积船舶经

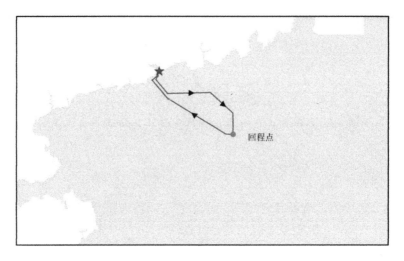

★ 应急救援站点　　——— 巡航路径

图9.8　阳江搜救基地最优巡航路径示意图(航程=150海里)

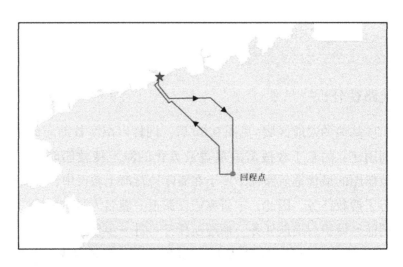

★ 应急救援站点　　——— 巡航路径

图9.9　阳江搜救基地最优巡航路径示意图(航程=200海里)

过每个网格的时间,搜救船舶执行上述巡航任务所经路程和所需的时间分别为:150海里,5.9 h;200海里,7.8 h;250海里,9.8 h。相应的回程点分别为位于P_1(20.8° N,112°7 E),P_2(20.3° N,112°7 E),P_3(20.0° N,112°7 E)。当"南海救X号"巡逻船舶沿着最佳巡航路径航行时,搜救船舶可以实现最大的潜在救援需求覆盖。此外,三条巡航路径均处于阳江搜救基地的东南部海域,主要原因在于这些

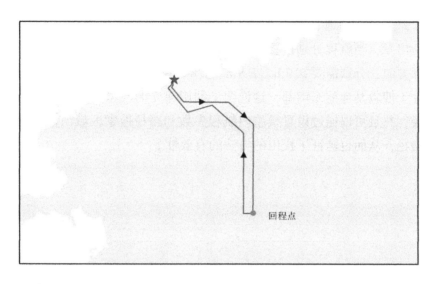

★ 应急救援站点　　——巡航路径

图 9.10　阳江搜救基地最优巡航路径示意图(航程 = 250 海里)

区域的航行风险性更高，潜在救援需求较其他区域更大。以上结果表明设定路径搜索区域和巡航航程，利用建立的船舶巡航路径规划模型可以得到搜救船舶的最佳巡航路径，进而也证明了此方法的有效性。

9.4　本章小结

本章通过构建海上搜救船舶巡航路径规划模型，获得了搜救船舶的最佳巡航路径。研究的具体内容和结果如下：

(1) 划分搜救基地各自巡航区域。首先将巡航区域分为两类：专属巡航区和联合巡航区。进而，利用救援可达时间模型，获得全海域各个位置的救援可达时间，根据救援可达时间阈值确定每个搜救基地各自负责的专属巡航区以及所有搜救基地共同负责的联合巡航区。本研究中，通过与海事专家讨论，专属巡航区的范围设置为救援可达时间小于 4 h 的区域。

(2) 建立基于救援需求覆盖最大化的海上搜救船舶巡航路径规划模型。首先，利用海上事故风险指数评估海上救援需求；然后，将巡航路径分为出发路径和回程路径，并以救援需求最大化为目标，建立海上搜救船舶巡航路径规划模型；最后，采用基于 GIS 平台的最小成本路径算法，获得搜救船舶的最佳巡航路径，并进行空间可视化。

（3）南海搜救船舶巡航路径规划结果。本研究将建立的模型应用于南海北部海域，以阳江海上搜救基地为例，规划了搜救船舶的最佳巡航路径。研究结果表明，从阳江基地出发，当航程分别设置为150海里、200海里、250海里时，所获巡航路径呈逆时针方向，分别需要5.9 h、7.8 h、9.8 h完成上述巡航任务，巡航路径经过的海域均处于搜救基地的东南部。这说明了利用建立的模型可以获得搜救船舶的最佳巡航路径，并且可以通过设置模型内航程参数和路径搜索区域，以计算不同需求下的巡航路径，从而也验证了提出的方法的有效性。

第 10 章　结论与展望

10.1　研究结论

本研究将搜救船作为主要的救援力量，从空间角度出发研究海上搜救效能，评价海上事故高发区域，分析海上搜救服务能力，优化海上应急搜救资源的配置，可以为海洋管理相关部门提供决策支持，对确保船舶海上航行安全、保护海洋环境具有重要意义。本研究以中国南海为研究区，综合利用多源地理大数据，通过分析海上事故风险空间分布特征，对海上搜救服务能力进行评价，进而优化海上岛礁搜救基地的空间布局，并规划了海上搜救船舶日常巡航路径。本书的主要研究结论包括：

（1）南海海上事故高发区评价。本研究构建了南海海上事故高发区评价模型，评价了南海海上事故风险空间分布特征，进而识别了南海海上事故高发区域。结果表明，非常高风险区域覆盖南海面积的 17.2%，而高风险区域覆盖南海的 22.5%，这两类风险区（即事故高发区）大部分位于南海北部海域，部分位于新加坡到香港航线的中段海域，以及马六甲海峡和菲律宾西南海域。中风险区域则覆盖南海的 10.3%，大多数在从新加坡到香港和吕宋海峡的航线沿线海域以及巴拉望岛西南沿海海域。此外，低风险和非常低风险区域覆盖南海的 50%，大部分位于南海的中部和南部海域。本研究建议在事故高发海域增加海上巡航的频率，并优化应急资源的分配。

（2）南海海上搜救服务能力评价。本研究构建了南海海上搜救服务能力评价模型，评价了南海海上搜救的时空可达性，并分析了南海海上搜救服务能力。结果表明，在南海周边国家未建立联合搜救机制的情景下，各个国家仅仅在近海海域的海上搜救服务能力较好，对于整个南海海域而言，中国和马来西亚的最长可达时间超过 40 小时，而越南和菲律宾也面临同样的问题，最长时间则超过 30 小时。三个能力评价指数大多处于级别"差"或"非常差"；而建立联合搜救机制后，南海海上搜救服务能力得到了显著提升，最大救援可达时间少于 15 小时。三个能力评价指数均处于级别"好"。显然,目前任何一个国家均无法在整个南海海域提供较好的海上搜救服务,而实施联合搜救能极大地提高南海海上搜救服务能力。

(3) 南海海上岛礁搜救基地选址。本研究构建了南海海上岛礁搜救基地选址模型,获得了南海海上岛礁搜救基地选址方案。最优选址方案表明,当选择建设 1 座海上岛礁搜救基地时,永兴岛是最佳的海上岛礁搜救基地建设位置;而当建立的海上岛礁搜救基地数量增加到超过 6 个时,救援需求的覆盖增长率等于 0,说明当海上岛礁基地数量达到 6 个后,再建立任何其他搜救基地都不会增加新的服务范围。当选择在永兴岛、南威岛、美济礁、南子岛、弹丸礁、永暑礁这 6 个岛礁上建立海上搜救基地时,在有效服务范围内,覆盖了最大的救援需求。此时南海加权平均可达时间将减少 1.1 小时,而使用 6 小时可达区域作为服务范围阈值,其一次覆盖率从 61.52% 增加到 78.91%。

(4) 南海海上搜救船舶巡航路径规划。本研究构建了海上搜救船舶巡航路径规划模型,设计了海上搜救船舶的日常巡航路径。以南海北部海域的阳江搜救基地为例,利用建立的模型成功获得了搜救船舶的最佳巡航路径,并且可以通过设置模型内航程参数和路径搜索区域,计算不同需求下的巡航路径,同时也验证了提出的方法的有效性。结果显示,从阳江搜救基地出发,当航程分别设置为 150 海里、200 海里和 250 海里时,所获搜救船舶的巡航路径呈逆时针方向,而路径通过的海域均处于搜救基地的东南部。此时,搜救船舶完成上述巡航任务所经路程和所需时间分别为:150 海里,5.9 h;200 海里,7.8 h;250 海里,9.8 h。

10.2 研究展望

关于海上搜救效能评估的研究,还有以下几个方面值得进一步分析:

(1) 海上事故动态风险研究。本研究利用长时间序列的空间数据,从宏观尺度上综合分析了海上事故风险的空间分布特征,为海上事故高发区识别与应急资源配置提供技术支持。进一步的研究可以引入实时数据,从而提供动态的海上事故风险评价结果,为海上船舶航行提供安全保障。

(2) 海上应急搜救力量分配研究。本研究对基于搜救基地的海上搜救系统的服务能力进行了评价,并对海上岛礁搜救基地的选址进行优化,但对于每个基地间搜救力量(人员、装备等)分配,特别是飞机参与救援的情况还未进一步分析。此外,在今后的研究中,可以关注新数据的更新使用,以及分析如何在各国海上搜救基地间分配搜救力量,以便更好地提供海上搜救服务。

(3) 多基地多搜救船舶联合巡航路径规划研究。本研究建立了一种海上搜救船

10.2 研究展望

舶巡航路径规划模型,并设计了单一搜救基地单艘搜救船舶的巡航路径,而多个国家多个搜救基地及多艘搜救船舶在各自巡航任务中的协调和配合有待进一步研究。此外,考虑动态事故风险下的路径规划能提供更多的巡航方案。

参 考 文 献

[1] Abbassi, R., Khan, F., Khakzad, N., Veitch, B. and Ehlers, S.. Risk analysis of offshore transportation accident in arctic waters [J]. International Journal of Maritime Engineering, 2017, 159 (A3): A213-A224.

[2] Ai, Y. F., Lu, J. and Zhang, L. L.. The optimization model for the location of maritime emergency supplies reserve bases and the configuration of salvage vessels [J]. Transportation Research Part E: Logistics and Transportation Review, 2015, 83: 170-188.

[3] Akbari, A., Eiselt, H. A., Pelot, R.. A maritime search and rescue location analysis considering multiple criteria, with simulated demand [J]. INFOR: Information Systems and Operational Research, 2018a, 56 (1): 92-114.

[4] Akbari, A., Pelot, R. and Eiselt, H. A.. A modular capacitated multi-objective model for locating maritime search and rescue vessels [J]. Annals of Operations Research, 2018b, 267 (1-2): 3-28.

[5] Akyuz, E. and Celik, M.. A methodological extension to human reliability analysis for cargo tank cleaning operation on board chemical tanker ships [J]. Safety Science, 2015, 75: 146-155.

[6] Arici, S. S., Akyuz, E. and Arslan, O.. Application of fuzzy bow-tie risk analysis to maritime transportation: The case of ship collision during the STS operation [J]. Ocean Engineering, 2020, 217: 107960.

[7] Asamer, J., Reinthaler, M., Ruthmair, M., et al.. Optimizing charging station locations for urban taxi providers [J]. Transportation Research Part A: Policy and Practice, 2016, 85: 233-246.

[8] Azofra, M., Pérez-Labajos, C., Blanco, B. and Achutegui, J.. Optimum placement of sea rescue resources [J]. Safety Science, 2007, 45 (9): 941-951.

[9] Bakkensen, L. A. and Mendelsohn, R. O. Global tropical cyclone damages and fatalities under climate change: an updated assessment [M]. Hurricane Risk,

Springer, 2019: 179-197.

[10] Baksh, A. A., Abbassi, R., Garaniya, V., Khan, F.. Marine transportation risk assessment using Bayesian Network: Application to Arctic waters [J]. Ocean Engineering, 2018 (159): 422-436.

[11] Balmat, J. F., Lafont, F., Maifret, R., Pessel, N.. MAritime RISk Assessment (MARISA), a fuzzy approach to define an individual ship risk factor [J]. Ocean Engineering, 2009, 36 (15-16): 1278-1286.

[12] Barnes, B. B., Hu, C.. Island building in the South China Sea: detection of turbidity plumes and artificial islands using Landsat and MODIS data [J]. Scientific Reports, 2016, 6: 33194.

[13] Başar, A., Çatay, B., Ünlüyurt, T.. A taxonomy for emergency service station location problem [J]. Optimization Letters, 2012, 6 (6): 1147-1160.

[14] Becker, D., de Andrés-Herrero, M., Willmes, C., Weniger, G.-C. and Bareth, G.. Investigating the influence of different DEMs on GIS-based cost distance modeling for site catchment analysis of prehistoric sites in Andalusia [J]. ISPRS International Journal of Geo-Information, 2017, 6 (2): 36.

[15] Bowditch, N. The american practical navigator: An epitome of navigation (bicentennial edition) [M]. NIMA Pub, Bethesda, Maryland, 2002.

[16] Breivik, Ø., Allen, A. A.. An operational search and rescue model for the Norwegian Sea and the North Sea [J]. Journal of Marine Systems, 2008, 69 (1-2): 99-113.

[17] Briggs, M. J., Borgman, L. E., Bratteland, E.. Probability assessment for deep-draft navigation channel design [J]. Coastal Engineering, 2003, 48 (1): 29-50.

[18] Cadenas, E., Rivera, W.. Wind speed forecasting in the south coast of Oaxaca, Mexico [J]. Renewable Energy, 2007, 32 (12): 2116-2128.

[19] Calabrese, A., Costa, R., Menichini, T.. Using Fuzzy AHP to manage Intellectual Capital assets: An application to the ICT service industry [J]. Expert Systems with Applications, 2013, 40 (9): 3747-3755.

[20] Chai, T., Weng, J., De-qi, X.. Development of a quantitative risk assessment model for ship collisions in fairways [J]. Safety Science, 2017, 91: 71-83.

[21] Chang, D.-Y.. Applications of the extent analysis method on fuzzy AHP [J]. European Journal of Operational Research, 1996, 95 (3): 649-655.

[22] Cao, Y., Wang, X., Yang, Z., et al.. Research in marine accidents: A

bibliometric analysis, systematic review and future directions [J]. Ocean Engineering, 2023, 284, 115048.

[23] Chen, H., Cheng, T., Ye, X.. Designing efficient and balanced police patrol districts on an urban street network [J]. International Journal of Geographical Information Science, 2019, 33 (2): 269-290.

[24] Chen, J., Bian, W., Wan, Z., et al.. Factor assessment of marine casualties caused by total loss [J]. International Journal of Disaster Risk Reduction, 2020, 47, 101560.

[25] Church, R., ReVelle, C.. The maximal covering location problem [J] Papers of the Regional Science Association, 1974, 32 (1): 101-118.

[26] Cormen, T. H., Leiserson, C. E., Rivest, R. L., et al.. Introduction to algorithms [M]. MIT press, 2009.

[27] De Tréglodé, B.. Maritime Boundary Delimitation and Sino-Vietnamese Cooperation in the Gulf of Tonkin (1994—2016) [J]. China Perspectives, 2016 (2016/3): 33-41.

[28] Dickson, T., Farr, H., Sear, D., et al.. Uncertainty in marine weather routing [J]. Applied Ocean Research, 2019, 88: 138-146.

[29] Dijkstra, E. W.. A note on two problems in connexion with graphs [J]. Numerische mathematik, 1959, 1 (1): 269-271.

[30] Dolven, B., Elsea, J. K., Lawrence, S. V., et al.. Chinese land reclamation in the South China Sea: Implications and policy options [J]. Current Politics and Economics of Northern and Western Asia, 2015: 24.

[31] Dong, Y., Ren, H., Zhu, Y., et al.. A multi-objective optimization method for maritime search and rescue resource allocation: An application to the South China Sea [J]. Journal of Marine Science and Engineering, 2024, 12 (1): 184.

[32] Duan, Y., Liu, Y., Li, M., et al.. Survey of reefs based on Landsat 8 operational land imager (OLI) images in the Nansha Islands, South China Sea [J]. Acta Oceanologica Sinica, 2016, 35 (10): 11-19.

[33] Durmaz, A. I., Ünal, E. Ö., Aydın, C. C.. Automatic Pipeline Route Design with Multi-Criteria Evaluation Based on Least-Cost Path Analysis and Line-Based Cartographic Simplification: A Case Study of the Mus Project in Turkey [J]. ISPRS International Journal of Geo-Information, 2019, 8 (4): 173.

[34] Eini, M., Kaboli, H. S., Rashidian, M., et al.. Hazard and vulnerability in

urban flood risk mapping: Machine learning techniques and considering the role of urban districts [J]. International Journal of Disaster Risk Reduction, 2020, 50: 101687.

[35] Enayati, S., Mayorga, M. E., Toro-Díaz, H., et al.. Identifying trade-offs in equity and efficiency for simultaneously optimizing location and multipriority dispatch of ambulances [J]. International Transactions in Operational Research, 2019, 26 (2): 415-438.

[36] Faghih-Roohi, S., Xie, M., Ng, K. M.. Accident risk assessment in marine transportation via Markov modelling and Markov Chain Monte Carlo simulation [J]. Ocean Engineering, 2014, 91: 363-370.

[37] Fan, C., Wróbel, K., Montewka, J., et al.. A framework to identify factors influencing navigational risk for Maritime Autonomous Surface Ships [J]. Ocean Engineering, 2020, 202: 107188.

[38] Fang, M.-C., Lin, Y.-H.. The optimization of ship weather-routing algorithm based on the composite influence of multi-dynamic elements (Ⅱ): Optimized routings [J]. Applied Ocean Research, 2015, 50: 130-140.

[39] Farahani, R. Z., Asgari, N., Heidari, N., et al.. Covering problems in facility location: A review [J]. Computers & Industrial Engineering, 2012, 62 (1): 368-407.

[40] Ferrari, J. F., Chen, M.. A mathematical model for tactical aerial search and rescue fleet and operation planning [J]. International Journal of Disaster Risk Reduction, 2020, 50, 101680.

[41] Forman, E. H.. Random indices for incomplete pairwise comparison matrices [J]. European Journal of Operational Research, 1990, 48 (1): 153-155.

[42] Garner, A. A., van den Berg, P. L.. Locating helicopter emergency medical service bases to optimise population coverage versus average response time [J]. BMC Emergency Medicine, 2017, 17 (1): 31.

[43] GISIS. Reports of Piracy and Armed Robbery [DB/OL]. From: https://gisis.imo.org/Public/PAR/Reports.aspx.

[44] Goerlandt, F., Montewka, J.. Maritime transportation risk analysis: Review and analysis in light of some foundational issues [J]. Reliability Engineering & System Safety, 2015, 138: 115-134.

[45] Goldberg, D.. Genetic Algorithms in Search, Optimization & Machine Learning

[M]. New York: Addison-Wesley, 1989.

[46] Grabowski M., Rizzo C., Graig T.. Data challenges in dynamic, large-scale resource allocation in remote regions [J]. Safety Science, 2016, 87: 76-86.

[47] Greenberg, J. A., Rueda, C., Hestir, E. L., et al.. Least cost distance analysis for spatial interpolation [J]. Computers & Geosciences, 2011, 37 (2): 272-276.

[48] Grifoll, M., de Osés, F. M.. A ship routing system applied at short sea distances [J]. Journal of Maritime Research, 2016, 13 (2).

[49] Guard, C. C.. Ice Navigation in Canadian Waters [M]. Ice Breaking Program. Maritime Services, Canadian Coast Guard, Fisheries and Oceans, Ottawa, 2012.

[50] Gunes, A. E., Kovel, J. P.. Using GIS in emergency management operations [J]. Journal of Urban Planning and Development, 2000, 126 (3): 136-149.

[51] Guo, Y., Ye, Y., Yang, Q., Yang, K.. A Multi-Objective INLP model of sustainable resource allocation for long-range maritime search and rescue [J]. Sustainability, 2019, 11 (3): 929.

[52] Gwak, J. H., Lee, B. K., Lee, W. K., et al.. Optimal location selection for the installation of urban green roofs considering honeybee habitats along with socio-economic and Environmental effects [J]. Journal of Environmental Management, 2017, 189: 125-133.

[53] Hart, P. E., Nilsson, N. J., Raphael, B.. A formal basis for the heuristic determination of minimum cost paths [J]. IEEE Transactions on Systems Science and Cybernetics, 1968, 4 (2): 100-107.

[54] Heij, C., Bijwaard, G. E., Knapp, S.. Ship inspection strategies: Effects on maritime safety and environmental protection [J]. Transportation Research Part D: Transport and Environment, 2011, 16 (1): 42-48.

[55] Holmes, J. R.. Strategic features of the South China Sea: A tough neighborhood for hegemons [J]. Naval War College Review, 2014, 67 (2): 30-51.

[56] Hoque, M. A. A., Phinn, S., et al.. Assessing tropical cyclone risks using geospatial techniques [J]. Applied Geography, 2018, 98: 22-33.

[57] Hoque, M. A. A., Pradhan, B., Ahmed, N., et al.. Tropical cyclone risk assessment using geospatial techniques for the eastern coastal region of Bangladesh [J]. Science of The Total Environment, 2019, 692: 10-22.

[58] Hu, S., Fang, Q., Xia, H., et al.. Formal safety assessment based on relative risks model in ship navigation [J]. Reliability Engineering & System Safety, 2007,

92（3）：369-377.

[59] Huang, J. C., Nieh, C. Y., Kuo, H. C.. Risk assessment of ships maneuvering in an approaching channel based on AIS data [J]. Ocean Engineering, 2019a, 173：399-414.

[60] Huang, L., Zhou, M., Hao, K.. Non-dominated immune-endocrine short feedback algorithm for multi-robot maritime patrolling [J]. IEEE Transactions on Intelligent Transportation Systems, 2019b, 21（1）：362-373.

[61] Huang, X., Wen, Y., Zhang, F., et al.. A review on risk assessment methods for maritime transport [J]. Ocean Engineering, 2023：279, 114577.

[62] Imamura, F., Muhari, A., Mas, E., et al.. Tsunami disaster mitigation by integrating comprehensive countermeasures in Padang City, Indonesia [J]. Journal of Disaster Research, 2012, 7（1）：48-64.

[63] Jeong, M. G., Lee, E. B., Lee, M., et al.. Multi-criteria route planning with risk contour map for smart navigation [J]. Ocean Engineering, 2019, 172：72-85.

[64] Jia, N., You, Y., Lu, Y., et al.. Research on the search and rescue system-of-systems capability evaluation index system construction method based on weighted supernetwork [J]. IEEE Access, 2019, 7：97401-97425.

[65] Jiang, D., Hao, G., Huang, L., et al.. Use of cusp catastrophe for risk analysis of navigational environment: a case study of three gorges reservoir area [J]. PloS one, 2016, 11（7）：e0158482.

[66] Jiang, M., Lu, J.. Maritime accident risk estimation for sea lanes based on a dynamic Bayesian network [J]. Maritime Policy & Management, 2020, 47（5）：649-664.

[67] Jiang, M., Lu, J., Yang, Z., et al.. Risk analysis of maritime accidents along the main route of the Maritime Silk Road: a Bayesian network approach [J]. Maritime Policy & Management, 2020, 47（6）：815-832.

[68] Jobe, R. T., White, P. S.. A new cost-distance model for human accessibility and an evaluation of accessibility bias in permanent vegetation plots in Great Smoky Mountains National Park, USA [J]. Journal of Vegetation Science, 2009, 20（6）：1099-1109.

[69] Karahalios, H.. The severity of shipboard communication failures in maritime emergencies: A risk management approach [J]. International Journal of Disaster Risk Reduction, 2018, 28：1-9.

[70] Karatas M.. A dynamic multi-objective location-allocation model for search and rescue assets [J]. European Journal of Operational Research, 2021, 288 (2): 620-633.

[71] Karatas, M., Razi, N., Gunal, M. M.. An ILP and simulation model to optimize search and rescue helicopter operations [J]. Journal of the Operational Research Society, 2017 (68): 1335-1351.

[72] Khan, B., Khan, F., Veitch, B., et al.. An operational risk analysis tool to analyze marine transportation in Arctic waters [J]. Reliability Engineering & System Safety, 2018, 169: 485-502.

[73] Knapp, S., Heij, C.. Evaluation of total risk exposure and insurance premiums in the maritime industry [J]. Transportation Research Part D: Transport and Environment, 2017, 54: 321-334.

[74] Knapp, S., Van de Velden, M.. Global ship risk profiles: safety and the marine environment [J]. Transportation Research Part D: Transport and Environment, 2011, 16 (8): 595-603.

[75] Kwong, C. K., Bai, H.. Determining the importance weights for the customer requirements in QFD using a fuzzy AHP with an extent analysis approach [J]. IIE Transactions, 2003, 35 (7): 619-626.

[76] Lee, S. H.. Using fuzzy AHP to develop intellectual capital evaluation model for assessing their performance contribution in a university [J]. Expert Systems with Applications, 2010, 37 (7): 4941-4947.

[77] Lee, S. M., Roh, M.-I., Kim, K.-S., et al.. Method for a simultaneous determination of the path and the speed for ship route planning problems [J]. Ocean Engineering, 2018, 157: 301-312.

[78] Li, K., Guo S. L.. Risk assessment on storm surges in the coastal area of Guangdong Province [J]. Natural Hazards, 2013, 68 (2): 1129-1139.

[79] Li, L., Lu, W., Niu, J., et al.. AIS data-based decision model for navigation risk in sea areas [J]. The Journal of Navigation, 2018, 71 (3): 664-678.

[80] Li, Q., Yu, Y., Jiang, X., et al.. Multifactor-based environmental risk assessment for sustainable land-use planning in Shenzhen, China [J]. Science of the Total Environment, 2019, 657: 1051-1063.

[81] Li, Y., Sun, X., Zhu, X., Cao, H.. An early warning method of landscape ecological security in rapid urbanizing coastal areas and its application in Xiamen,

China [J]. Ecological Modelling, 2010, 221 (19): 2251-2260.

[82] Lim, G. J., Cho, J., Bora, S., et al.. Models and computational algorithms for maritime risk analysis: a review [J]. Annals of Operations Research, 2018, 271 (2): 765-786.

[83] Lin, L., Goodrich, M. A.. A Bayesian approach to modeling lost person behaviors based on terrain features in wilderness search and rescue [J]. Computational and Mathematical Organization Theory, 2010, 16 (3): 300-323.

[84] Liu, Y., Li, Z., Liu, J., et al.. A double standard model for allocating limited emergency medical service vehicle resources ensuring service reliability [J]. Transportation Research Part C: Emerging Technologies, 2016a, 69: 120-133.

[85] Liu, Z., Jin, H., Grimble, M. J., et al.. Ship forward speed loss minimization using nonlinear course keeping and roll motion controllers [J]. Ocean Engineering, 2016b, 113: 201-207.

[86] Ma, Q., Zhang, D., Wan, C., et al.. Multi-objective emergency resources allocation optimization for maritime search and rescue considering accident black-spots [J]. Ocean Engineering, 2022, 261, 112178.

[87] Mannarini, G., Coppini, G., Oddo, P., et al.. A prototype of ship routing decision support system for an operational oceanographic service [J]. TransNav, International Journal on Marine Navigation and Safety od Sea Transportation, 2013, 7 (1).

[88] Masood, M., Takeuchi, K.. Assessment of flood hazard, vulnerability and risk of mid-eastern Dhaka using DEM and 1D hydrodynamic model [J]. Natural Hazards, 2012, 61 (2): 757-770.

[89] Matisziw, T. C., Murray, A. T.. Siting a facility in continuous space to maximize coverage of a region [J]. Socio-Economic Planning Sciences, 2009, 43 (2): 131-139.

[90] Mokhtari, K., Ren, J., Roberts, C., et al.. Application of a generic bow-tie based risk analysis framework on risk management of sea ports and offshore terminals [J]. Journal of Hazardous Materials, 2011, 192 (2): 465-475.

[91] Murray, A. T., Matisziw, T. C., Wei, H., et al.. A geocomputational heuristic for coverage maximization in service facility siting [J]. Transactions in GIS, 2008, 12 (6): 757-773.

[92] Nelson, C., Boros, E., Roberts, F., et al.. ACCAM global optimization model for

参 考 文 献

the USCG aviation air stations [C]. In IIE Annual Conference. Proceedings (p. 2761). Institute of Industrial, Systems Engineers (IISE), 2014.

[93] Nguyen, K. A., Liou, Y. A., Terry, J. P.. Vulnerability of Vietnam to typhoons: A spatial assessment based on hazards, exposure and adaptive capacity [J]. Science of the Total Environment, 2019, 682: 31-46.

[94] Niu, H., Ji, Z., Savvaris, A, et al.. Energy efficient path planning for Unmanned Surface Vehicle in spatially-temporally variant environment [J]. Ocean Engineering, 2020, 196: 106766.

[95] Nordström, J., Goerlandt, F., Sarsama, J., et al.. Vessel TRIAGE: A method for assessing and communicating the safety status of vessels in maritime distress situations [J]. Safety Science, 2016, 85: 117-129.

[96] Norrington, L., Quigley, J., Russell, A., et al.. Modelling the reliability of search and rescue operations with Bayesian Belief Networks [J]. Reliability Engineering & System Safety, 2008, 93 (7): 940-949.

[97] Park, C., Sohn, S. Y.. An optimization approach for the placement of bicycle-sharing stations to reduce short car trips: An application to the city of Seoul [J]. Transportation Research Part A: Policy and Practice, 2017, 105: 154-166.

[98] Park, J., Kim, N.. Two-phase approach to optimal weather routing using geometric programming [J]. Journal of Marine Science and Technology, 2015, 20 (4): 679-688.

[99] Pelot, R., Akbari, A., Li, L.. Vessel location modeling for maritime search and rescue, Applications of location analysis [M]. Springer, 2015: 369-402.

[100] Pitman, S. J., Wright, M., Hocken, R.. An analysis of lifejacket wear, environmental factors, and casualty activity on marine accident fatality rates [J]. Safety Science, 2019, 111: 234-242.

[101] Pristrom, S., Yang, Z., Wang, J., et al.. A novel flexible model for piracy and robbery assessment of merchant ship operations [J]. Reliability Engineering & System Safety, 2016, 155: 196-211.

[102] Prpić-Oršić, J., Faltinsen, O. M.. Estimation of ship speed loss and associated CO_2 emissions in a seaway [J]. Ocean Engineering, 2012, 44: 1-10.

[103] Qian, H., Zhang, R., Zhang, Y. J.. Dynamic risk assessment of natural environment based on Dynamic Bayesian Network for key nodes of the arctic Northwest Passage [J]. Ocean Engineering, 2020, 203: 107205.

[104] Qiu, L., Zhu, J., Pan, Y., et al.. Multi-criteria land use suitability analysis for livestock development planning in Hangzhou metropolitan area, China [J]. Journal of Cleaner Production, 2017, 161: 1011-1019.

[105] Razi, N., Karatas, M.. A multi-objective model for locating search and rescue boats [J]. European Journal of Operational Research, 2016, 254 (1): 279-293.

[106] Roarty, H., Glenn, S., Allen, A.. Evaluation of environmental data for search and rescue [C]. OCEANS 2016-Shanghai. IEEE, 2016: 1-3.

[107] Rosenberg, D.. The political economy of piracy in the South China Sea [J]. Naval War College Review, 2009, 62 (3): 43-58.

[108] Rosenberg, D., Chung, C.. Maritime security in the South China Sea: coordinating coastal and user state priorities [J]. Ocean Development & International Law, 2008, 39 (1): 51-68.

[109] Röthlisberger, V., Zischg, A. P., Keiler, M.. Identifying spatial clusters of flood exposure to support decision making in risk management [J]. Science of the Total Environment, 2017, 598: 593-603.

[110] Sahin, B., Kum, S.. Risk assessment of Arctic navigation by using improved fuzzy-AHP approach [J]. International Journal of Maritime Engineering, 2015, 157 (4): 241.

[111] Santos, A. H. M., de Lima, R. M., Pereira, C. R. S., et al.. Optimizing routing and tower spotting of electricity transmission lines: An integration of geographical data and engineering aspects into decision-making [J]. Electric Power Systems Research, 2019, 176: 105953.

[112] Sarhadi, H., Naoum-Sawaya, J., Verma, M.. A robust optimization approach to locating and stockpiling marine oil-spill response facilities [J]. Transportation Research Part E: Logistics and Transportation Review, 2020, 141: 102005.

[113] Sathiyamoorthy, V., Arya, R., Kishtawal, C.. Radiative characteristics of fog over the Indo-Gangetic Plains during northern winter [J]. Climate Dynamics, 2016, 47 (5-6): 1793-1806.

[114] Shao, W., Zhou, P., Thong, S. K.. Development of a novel forward dynamic programming method for weather routing [J]. Journal of Marine Science and Technology, 2012, 17 (2): 239-251.

[115] Shi, W., Su, F., Zhou, C.. A temporal accessibility model for assessing the ability of search and rescue in Nansha Islands, South China Sea [J]. Ocean &

Coastal Management, 2014, 95: 46-52.

[116] Shirabe, T.. Buffered or bundled, least-cost paths are not least-cost corridors: Computational experiments on path-based and wide-path-based models for conservation corridor design and effective distance estimation [J]. Ecological Informatics, 2018, 44: 109-116.

[117] Siljander, M., Venäläinen, E., Goerlandt, F., et al.. GIS-based cost distance modelling to support strategic maritime search and rescue planning: A feasibility study [J]. Applied Geography, 2015, 57: 54-70.

[118] Snyder, S. A., Whitmore, J. H., Schneider, I. E., et al.. Ecological criteria, participant preferences and location models: A GIS approach toward ATV trail planning [J]. Applied Geography, 2008, 28 (4): 248-258.

[119] Størkersen, K. V., Antonsen, S., Kongsvik, T.. One size fits all? Safety management regulation of ship accidents and personal injuries [J]. Journal of Risk Research, 2017, 20 (9): 1154-1172.

[120] Su, Y., Chen, X., Liao, J., et al.. Modeling the optimal ecological security pattern for guiding the urban constructed land expansions [J]. Urban Forestry & Urban Greening, 2016, 19: 35-46.

[121] Sun, Y., Ling, J., Chen, X., et al.. Exploring maritime search and rescue resource allocation via an enhanced particle swarm optimization method [J]. Journal of Marine Science and Engineering, 2022, 10 (7): 906.

[122] Tian, Y. F., Chen, L. J., Huang, L. W., et al.. Featured risk evaluation of nautical navigational environment using a risk cloud model [J]. Journal of Marine Engineering & Technology, 2018: 1-15.

[123] Tomczyk, A. M., Ewertowski, M.. Planning of recreational trails in protected areas: Application of regression tree analysis and geographic information systems [J]. Applied Geography, 2013, 40: 129-139.

[124] Tong, S. Q, Wang, N., Song, N. Q.. Emergency evacuation capability evaluation and optimization for an offshore airport: The case of Dalian Offshore Airport, Dalian, China [J]. Safety Science, 2017, 92: 128-137.

[125] Vander Hoorn, S., Knapp, S.. A multi-layered risk exposure assessment approach for the shipping industry [J]. Transportation Research Part A: Policy and Practice, 2015, 78: 21-33.

[126] Veneti, A., Makrygiorgos, A., Konstantopoulos, C., et al.. Minimizing the fuel

consumption and the risk in maritime transportation: A bi-objective weather routing approach [J]. Computers & Operations Research, 2017, 88: 220-236.

[127] Wagner, M. R., Radovilsky, Z.. Optimizing boat resources at the US Coast Guard: Deterministic and stochastic models [J]. Operations Research, 2012, 60 (5): 1035-1049.

[128] Wang, H., Lang, X., Mao, W.. Voyage optimization combining genetic algorithm and dynamic programming for fuel/emissions reduction [J]. Transportation Research Part D: Transport and Environment, 2021, 90, 102670.

[129] Wang, J., Li, M., Liu, Y., et al.. Safety assessment of shipping routes in the South China Sea based on the fuzzy analytic hierarchy process [J]. Safety Science, 2014, 62: 46-57.

[130] Wang, K., Chen, N., Tong, D., et al.. Optimizing the configuration of streamflow stations based on coverage maximization: A case study of the Jinsha River Basin [J]. Journal of Hydrology, 2015, 527: 172-183.

[131] Wang, K., Guan, Q., Chen, N., et al.. Optimizing the configuration of precipitation stations in a space-ground integrated sensor network based on spatial-temporal coverage maximization [J]. Journal of Hydrology, 2017, 548: 625-640.

[132] Wang, L., Yang, Z.. Bayesian network modelling and analysis of accident severity in waterborne transportation: A case study in China [J]. Reliability Engineering & System Safety, 2018, 180: 277-289.

[133] Wang, Y.-M., Elhag, T. M.. A fuzzy group decision making approach for bridge risk assessment [J]. Computers & Industrial Engineering, 2007a, 53 (1): 137-148.

[134] Webster, K., Arroyo-Mora, J., Coomes, O., et al.. A cost path and network analysis methodology to calculate distances along a complex river network in the Peruvian Amazon [J]. Applied Geography, 2016, 73: 13-25.

[135] Weng, J., Yang, D., Du, G.. Generalized F distribution model with random parameters for estimating property damage cost in maritime accidents [J]. Maritime Policy & Management, 2018, 45 (8): 963-978.

[136] Wu, B., Yip, T. L., Yan, X., et al.. Review of techniques and challenges of human and organizational factors analysis in maritime transportation [J]. Reliability Engineering & System Safety, 2022, 219, 108249.

[137] Wu, C. K.. A game theory approach for assessing risk value and deploying search-

and-rescue resources after devastating tsunamis [J]. Environmental Research, 2018, 162: 18-26.

[138] Xiao, F., Jin, Y., Yin, Y., et al.. Design and research of marine search and rescue simulation system [C]. 2010 Second International Conference on Information Technology and Computer Science. IEEE, 2010: 372-376.

[139] Xiong, W., Van Gelder, P. H. A. J. M., Yang, K.. A decision support method for design and operationalization of search and rescue in maritime emergency [J]. Ocean Engineering, 2020 (207): 107399.

[140] Xu, E., Zhang, H.. Spatially-explicit sensitivity analysis for land suitability evaluation [J]. Applied Geography, 2013, 45: 1-9.

[141] Xu, M., Ma, X., Zhao, Y., et al.. A Systematic Literature Review of Maritime Transportation Safety Management [J]. Journal of Marine Science and Engineering, 2023, 11 (12): 2311.

[142] Xu, Z. Y., Wu, Z. L., Yao, J., et al.. Maritime search and rescue capability evaluation algorithm based on cloud model [C]. Advanced Materials Research, Trans Tech Publ, 2014: 1444-1447.

[143] Yager, R. R.. A procedure for ordering fuzzy subsets of the unit interval [J]. Information Sciences, 1981, 24 (2): 143-161.

[144] Yan, H., Lu, N.. Research on the maritime search and rescue based on genetic algorithm and BP neural network [J]. Modern Computer, 2015, 14: 1007-1423.

[145] Yan, Z., He, J., Li, J.. An improved multi-AUV patrol path planning method [C]. 2017 IEEE International Conference on Mechatronics and Automation (ICMA). IEEE, 2017: 1930-1936.

[146] Yao, J., Zhang, X., Murray, A. T.. Location optimization of urban fire stations: Access and service coverage [J]. Computers, Environment and Urban Systems, 2019, 73: 184-190.

[147] Yildirim, V., Bediroglu, S.. A geographic information system-based model for economical and eco-friendly high-speed railway route determination using analytic hierarchy process and least-cost-path analysis [J]. Expert Systems, 2019, 36 (3): e12376.

[148] Yin, J., Yu, D., Lin, N., et al.. Evaluating the cascading impacts of sea level rise and coastal flooding on emergency response spatial accessibility in Lower Manhattan, New York City [J]. Journal of Hydrology, 2017, 555: 648-658.

[149] Yin, P., Mu, L.. Modular capacitated maximal covering location problem for the optimal siting of emergency vehicles [J]. Applied Geography, 2012, 34: 247-254.

[150] Yoo, B., Kim, J.. Path optimization for marine vehicles in ocean currents using reinforcement learning [J]. Journal of Marine Science and Technology, 2016, 21 (2): 334-343.

[151] Zaccone, R,. Figari, M.. Energy efficient ship voyage planning by 3d dynamic programming [J]. Journal of Ocean Technology, 2017, 12 (4).

[152] Zhang, B., Peng, J., Li, S.. Covering location problem of emergency service facilities in an uncertain environment [J]. Applied Mathematical Modelling, 2017a, 51: 429-447.

[153] Zhang, D., Yan, X., Yang, Z. L., et al.. Incorporation of formal safety assessment and Bayesian network in navigational risk estimation of the Yangtze River [J]. Reliability Engineering & System Safety, 2013a, 118: 93-105.

[154] Zhang, D., Yan, X., Zhang, J., et al.. Use of fuzzy rule-based evidential reasoning approach in the navigational risk assessment of inland waterway transportation systems [J]. Safety science, 2016, 82: 352-360.

[155] Zhang, D., Yan, X. P., Yang, Z. L., et al.. Incorporation of formal safety assessment and Bayesian network in navigational risk estimation of the Yangtze River [J]. Reliability Engineering & System Safety, 2013b, 118: 93-105.

[156] Zhang, J., Teixeira, Â. P., Guedes Soares, C., et al.. Quantitative assessment of collision risk influence factors in the Tianjin port [J]. Safety Science, 2018a, 110: 363-371.

[157] Zhang, K., Liu, X. J.. Wang, R. Q.. Research on Evaluation Model of Maritime Search and Rescue Emergency Management Capabilities Based on Improved Grey Cloud Model [C]. Journal of Physics: Conference Series, 2018b, 1087 (5).

[158] Zhang, M., Zhang, D., Fu, S., et al.. Safety distance modeling for ship escort operations in Arctic ice-covered waters [J]. Ocean Engineering, 2017b, 146: 202-216.

[159] Zhang, S., Jing, Z., Li, W., et al.. Navigation risk assessment method based on flow conditions: A case study of the river reach between the Three Gorges Dam and the Gezhouba Dam [J]. Ocean Engineering, 2019, 175: 71-79.

[160] Zhang, W., Li, C., Chen, J., et al.. Governance of global vessel-source marine oil spills: Characteristics and refreshed strategies [J]. Ocean & Coastal

Management, 2021 (213): 105874.

[161] Zhou, F., Chen, H., Zhang, P.. Performance Evaluation of Maritime Search and Rescue Missions Using Automatic Identification System Data [J]. The Journal of Navigation, 2020a: 1-10.

[162] Zhou X. Spatial risk assessment of maritime transportation in offshore waters of China using machine learning and geospatial big data [J]. Ocean & Coastal Management, 2024, 247: 106934.

[163] Zhou, X., Cheng, L., Li, M.. Assessing and mapping maritime transportation risk based on spatial fuzzy multi-criteria decision making: A case study in the South China sea [J]. Ocean Engineering, 2020b, 208: 107403.

[164] Zhou, X., Cheng, L., Li, W., et al.. A comprehensive path planning framework for patrolling marine environment [J]. Applied Ocean Research, 2020c, 100: 102155.

[165] Zhou, X., Cheng, L., Min, K., et al.. A framework for assessing the capability of maritime search and rescue in the south China sea [J]. International Journal of Disaster Risk Reduction, 2020d, 47: 101568.

[166] Zhou, X., Cheng, L., Zhang, F., et al.. Integrating Island Spatial Information and Integer Optimization for Locating Maritime Search and Rescue Bases: A Case Study in the South China Sea [J]. ISPRS International Journal of Geo-Information, 2019, 8 (2): 88.

[167] Zhou, X., Ruan, X., Wang, H., et al.. Exploring spatial patterns and environmental risk factors for global maritime accidents: A 20-year analysis [J]. Ocean Engineering, 2023, 286: 115628.

[168] Zhu, Y., Du, Q., Tian, F., et al.. Location optimization using a hierarchical location-allocation model for trauma centers in Shenzhen, China [J]. ISPRS International Journal of Geo-Information, 2016, 5 (10): 190.

[169] 毕佳, 王贤敏, 胡跃译, 等. 一种基于改进SEIR模型的突发公共卫生事件风险动态评估与预测方法——以欧洲十国COVID-19为例 [J]. 地球信息科学学报, 2021, 23 (2): 259-273.

[170] 岑选任. 南海海上搜救合作机制研究 [D]. 海口: 海南大学, 2015.

[171] 陈晓. 无人机海上救援搜索路径规划研究 [D]. 大连: 大连海事大学, 2019.

[172] 戴厚兴. 恶劣天气下海上交通风险动态预评估研究 [D]. 大连: 大连海事大学, 2019.

[173] 杜栋, 庞庆华, 吴炎. 现代综合评价方法与案例精选[M]. 北京: 清华大学出版社, 2008.

[174] 董文洪, 许玉飞, 潘长鹏, 等. 基于改进云模型的舰载直升机搜救能力效能评估[J]. 舰船电子工程, 2016, 36 (10): 104-106, 125.

[175] 高天航, 吕靖, 赖成寿. 考虑船舶偏好的海上风险规避路径规划研究[J]. 运筹与管理, 2018, 27 (11): 43-49.

[176] 龚慧佳, 轩少永, 胡甚平. 基于灰云模型的海上交通系统风险推理方法[J]. 中国航海, 2016, 39 (2): 87-91.

[177] 桂婧, 李喆豪, 胡鹏伟, 等. 美国海岸警卫队海上搜救体系分析[J]. 舰船电子工程, 2023, 43 (5): 15-18.

[178] 韩鹏, 李宇航, 揭晓蒙. 发达国家海上搜救体系对比研究及对我国的启示[J]. 海洋技术学报, 2020, 39 (1): 7.

[179] 何斌斌, 吕靖. 21 世纪海上丝绸之路应急储备库选址[J]. 水运管理, 2020, 419 (10): 15-18.

[180] 何铖, 杨春林, 曹月. 基于连续型信息熵的海上突发事件应急资源配置量研究[J]. 中国水运, 2021 (7): 72-75.

[181] 胡甚平, 黎法明, 席永涛, 等. 海上交通系统风险成因耦合机理仿真[J]. 应用基础与工程科学学报, 2015, 23 (2): 409-419.

[182] 崔世甲. 我国深远海搜救能力提升对策研究[D]. 大连: 大连海事大学, 2020.

[183] 贾世娜. 中美海上搜救公共服务能力对比探析[J]. 中国水运(下半月), 2017, 17 (8): 45-47.

[184] 兰赫. 面向船员不安全行为的海上事故风险交互及预测研究[D]. 大连: 大连海事大学, 2024.

[185] 李丹. 改进群智能优化算法的海上物流配送路径优化方法[J]. 舰船科学技术, 2020 (16).

[186] 李欢欢, 刘奕, 刘文, 等. 渤海海域应急救援基地选址优化方法[J]. 河南科技大学学报(自然科学版), 2017, 38 (1).

[187] 李金明. 南海主权争端的现状[J]. 南洋问题研究, 2002 (1): 53-65, 96.

[188] 李金明. 南海地区安全: 打击海盗与反恐合作[J]. 南洋问题研究, 2008 (3): 9-15.

[189] 李俊. 基于支持向量机的船舶交通事故预测研究[D]. 武汉: 武汉理工大学, 2008.

[190] 李俊. 北极东北航道救助力量海上部署、调度及人员救助作业仿真研究 [D]. 大连：大连海事大学，2023.

[191] 李毅龙. 南海搜救合作法律机制研究 [D]. 海口：海南大学，2012.

[192] 李永攀. 基于 AIS 数据的海上交通主要特征研究 [D]. 大连：大连海事大学，2019.

[193] 李云斌，刘敬贤，魏蕾，等. 渤海海域溢油应急基地多目标优化选址方法 [J]. 哈尔滨工程大学学报，2016，37（4）：533-537.

[194] 李志亮，刘虎，艾万政. 舟山海上搜救现状及对策 [J]. 水运管理，2018，40（3）：28-29.

[195] 梁峰. 美国海岸警卫队搜救系统发展与应用综述 [J]. 中国应急救援，2020，000（001）：50-54.

[196] 刘必胜. 我国海事部门海上搜救公共服务能力的研究 [D]. 大连：大连海事大学，2013.

[197] 刘刚. 提升我国海上搜救能力建议 [J]. 水运管理，2012，34（4）：7-10.

[198] 娄帅，钟铭，张益璇. 海上应急救助站点选址与救助船配置集成优化 [J]. 上海海事大学学报，2021，42（4）：47-52.

[199] 马晓雪，石树凯，郭怡，等. 日本海上搜救应急体系研究 [J]. 中国水运：下半月，2016，16（3）：42-44.

[200] 马晓雪，石树凯，马来好. 作为公共物品的中国海上搜救服务：能力、结构与评估 [J]. 公共管理学报，2017，14（2）：39-47.

[201] 南海救助局. 2019 年海上救助工作总结 [EB/OL]. http://www.chinadevelopment.com.cn/news/zj/2020/01/1601525.shtml.

[202] 南海救助局. 2020 年海上救助工作总结 [EB/OL]. https://www.thepaper.cn/newsDetail_forward_10708136.

[203] 潘科，潘宣宏，何杨. 适应海上应急救援需要加强海上搜救能力建设 [J]. 水运管理，2014，36（9）：26-29.

[204] 钱竞舟. 中美海洋专业救助公共服务现状对比研究 [D]. 北京：外交学院，2020.

[205] 邵年骏，宁君，田辉. 基于协调度的海上专业救助力量部署决策研究 [J]. 中国航海，2024，47（1）：62-70.

[206] 邵明晖，吴兆麟，李宁，等. 能见度低情况下海上交通综合安全信号传播指数预测 [J]. 中国新通信，2018，020（18）：137.

[207] 史春林. 当前影响南海航行安全主要因素分析 [J]. 新东方，2012（2）：

7-10.

[208] 粟智. 无人机在海上救援行动中的应用现状及发展探究［J］. 中国设备工程, 2021（11）：242-243.

[209] 孙庐山. 南海海洋产业发展战略研究［D］. 海口：海南大学, 2018.

[210] 孙梦竹. 舰船轨迹数据挖掘与可视化方法研究［D］. 昆明：云南师范大学, 2019.

[211] 汤旭红, 范耀天, 蔡存强. 海上交通风险网格化分析和预测研究［J］. 应用基础与工程科学学报, 2008（3）：425-435.

[212] 唐皇. 进出港船舶行为特征智能分析研究［D］. 大连：大连海事大学, 2020.

[213] 田辉. 我国海上专业救捞力量发展配置的研究［D］. 大连：大连海事大学, 2018.

[214] 汪爱娇, 林国龙, 王学锋. 海上危险化学品应急基地的优化选址［J］. 安全与环境学报, 2011（3）：200-203.

[215] 王焕新. 海上船舶事故风险机理研究［D］. 大连：大连海事大学, 2023.

[216] 王加胜. 南海航道安全空间综合评价研究［D］. 南京：南京大学, 2014.

[217] 王凯. 海上应急救援基地布局优化研究［D］. 武汉：武汉理工大学, 2015.

[218] 王宁, 赵海彬, 都景彬. 关于美英两国海上搜救能力的探讨［J］. 中国水运, 2023（1）：25-27.

[219] 王晓宁. 青岛海上搜救应急能力评价与提升对策研究［D］. 大连：大连海事大学, 2015.

[220] 吴凤媛. 智能网络下船舶海上应急物流路径规划方法［J］. 舰船科学技术, 2018, 40（22）：172-174.

[221] 吴启蒙, 吴立广, 曹剑. NUIST 地球系统模式模拟热带气旋活动的气候特征分析［J］. 气候变化研究进展, 2019, 15（2）：5-16.

[222] 谢玉华, 吴志军. 海上交通风险可接受水平研究样本确定及分析［J］. 中国水运（下半月）, 2020, 20（5）：29-32.

[223] 闫长健, 刘晓佳. 基于灰云模型的海上搜救应急管理能力评价模型［J］. 上海海事人学学报, 2019, 40（3）：57-62.

[224] 杨怀. USV 路径规划算法的研究［D］. 大连：大连海事大学, 2016.

[225] 杨立波, 王旺, 陈厚忠, 等. 海上交通安全监管水域风险判断模型［J］. 武汉理工大学学报（交通科学与工程版）, 2015, 39（2）：316-319.

[226] 余梦珺, 张韧, 高顶, 等. 基于蚁群算法的西北航道海上救援路径规划［J］. 海洋预报, 2019, 36（6）：62-72.

[227] 袁一. 南沙岛礁光学遥感影像自动检索技术 [D]. 南京：南京大学，2018.

[228] 张荷霞，刘永学，李满春，等. 基于 JASON-1 资料的南海海域海面风、浪场特征分析 [J]. 地理与地理信息科学，2013，29（5）：53-57.

[229] 张君珏，苏奋振，周成虎，等. 不同海岸地貌背景下的南海周边岸带 35 年建设用地扩张分析 [J]. 地理学报，2016（1）：104-117.

[230] 张丽娜. 海上溢油救援基地空间布局优化研究 [D]. 大连：大连海事大学，2012.

[231] 张聆晔，吕靖. 风险不确定的海上应急物资储备库选址 [J]. 中国安全科学学报，2019，29（9）：173-180.

[232] 张文芬. 动态需求条件下海上突发事件应急资源优化配置研究 [D]. 武汉：武汉理工大学，2016.

[233] 张文青，胡甚平，刘琨，等. 基于熵权的海上交通风险成因物元评价模型 [J]. 上海海事大学学报，2010，31（2）：18-22.

[234] 赵理海. 关于南海诸岛的若干法律问题 [J]. 法制与社会发展，1995（4）：50-63.

[235] 赵梁滨. 基于 AIS 数据和循环神经网络的船舶轨迹异常检测 [D]. 大连：大连海事大学，2019.

[236] 赵英时. 遥感应用分析原理与方法 [M]. 北京：科学出版社，2003.

[237] 朱小林，陈昌定. 海上应急资源调度多目标模型优化 [J]. 中国航海，2019，42（1）：56-62.

[238] 邹娟平，袁鑫，骆金鸿. 双层蚁群优化算法的舰船应急物流路径规划方法研究 [J]. 舰船科学技术，2019，41（16）：209-211.

附　录

一、不同国家/组织海上交通事故定义

不同国家/组织海上交通事故定义详见附表1。

附表1　　　　　　　　　　　　海上交通事故定义

国家/组织	定　义
中国	海上交通事故是指船舶在航行、停泊、作业过程中发生的，由于碰撞、搁浅、触礁、触碰、火灾、风灾、浪损、沉没等原因造成人员伤亡或者财产损失的事件
国际海事组织	海上事故是指与船舶操作直接相关而发生的，导致下列情况的一个事件或一系列事件： (1)船上有人员死亡或严重受伤； (2)船上有人员失踪； (3)船舶灭失、推定灭失或弃船； (4)船舶发生实质性损坏； (5)船舶发生碰撞、搁浅或丧失航行能力； (6)严重危及船舶本身、其他船舶或个人安全的船舶外部基础航海机构的实质性损坏； (7)船舶或多艘船舶的损坏造成对环境的严重损害，或潜在的严重损害
英国	海上交通事故是指由船舶操作直接引起或与之有关的导致下列任何后果的事件或一系列事件： (1)任何人死亡或受重伤； (2)船上有人遇难； (3)船舶的灭失、推定灭失或者弃船； (4)对船舶有重大损害； (5)船舶搁浅或瘫痪，或船舶与碰撞有关； (6)对船舶外部的基础设施造成物质损害，可能严重危及船舶、其他船舶或者个人的安全； (7)对船舶的损害造成的污染或可能造成的环境污染

续表

国家/组织	定 义
美国	法规应要求报告以下海上事故： (1)船上个人死亡； (2)对个人的严重伤害； (3)财产发生重大损失； (4)影响船舶适航性或效率的物质损害； (5)对环境造成重大危害
日本	指下列事项： (1)船舶操作导致的船舶或船舶以外设施的损坏； (2)船的构造、设备损伤或操作人员的伤亡； (3)船舶安全或航行安全的阻碍

二、北海救助局救助装备列表

北海救助局的救助装备详见附表2。

附表2　　　　　　　　　　北海救助局主要救助装备

序号	名称	类别	参　数	装备照片
1	北海救101	海洋救助船	建造时间：2012年1月 尺寸：116.95m×16.2m×7.8m 满载吃水(m)：6 主机功率：14000kW 总吨位(吨)：4598 续航(海里)：10000 航速(节)：22 拖力(吨)：105	
2	北海救111	海洋救助船	建造时间：2005年11月 尺寸：98m×15.2m×7.6m 满载吃水(m)：6 主机功率：4500kW×2 总吨位(吨)：3474 航速(节)：20 拖力(吨)：105.2	

二、北海救助局救助装备列表

续表

序号	名称	类别	参　　数	装　备　照　片
3	北海救112	海洋救助船	建造时间：2006年7月 尺寸：98m×15.2m×7.6m 满载吃水(m)：6 主机功率：4500kW×2 总吨位(吨)：3474 航速(节)：20 拖力(吨)：105.2	
4	北海救113	海洋救助船	建造时间：2009年8月 尺寸：99m×15.2m×7.6m 满载吃水(m)：6 主机功率：4500kW×2 总吨位(吨)：3510 航速(节)：20.15 拖力(吨)：103.3	
5	北海救115	海洋救助船	建造时间：2010年7月 尺寸：99m×15.2m×7.6m 满载吃水(m)：6 主机功率：4500kW×2 总吨位(吨)：3510 航速(节)：20.15 拖力(吨)：109	
6	北海救116	海洋救助船	建造时间：2010年6月 尺寸：99m×15.2m×7.6m 满载吃水(m)：6 主机功率：4500kW×2 总吨位(吨)：3522 航速(节)：19.6 拖力(吨)：105.2	

续表

序号	名称	类别	参　数	装 备 照 片
7	北海救131	海洋救助船	建造时间：2005年12月 尺寸：77m×14m×6.8m 满载吃水(m)：5.4 主机功率：3000kW×2 总吨位(吨)：2096 航速(节)：18.35 拖力(吨)：80	
8	北海救203	快速救助船	建造时间：2013年5月 尺寸：50m×13.1m×4.5m 满载吃水(m)：1.63 主机功率：2560kW×2 总吨位(吨)：546 航速(节)：30	
9	北海救201	快速救助船	建造时间：2006年11月 尺寸：50m×13.1m×4.5m 满载吃水(m)：1.6 主机功率：2240kW×2 总吨位(吨)：552 航速(节)：30	
10	北海救321	高速救助艇	建造时间：2018年4月 尺寸：21.44m×6.1m×3.23m 满载吃水(m)：1.42 主机功率：1029kW×2 总吨位(吨)：88 航速(节)：25	

二、北海救助局救助装备列表

续表

序号	名称	类别	参数	装备照片
11	北海救311	高速救助艇	建造时间：2018年2月 尺寸：13.59m×4.05m×1.86m 满载吃水(m)：0.9 主机功率：588kW×2 航速(节)：35 总吨位(吨)：27	
12	北海救119	海洋救助船	建造时间：2015年12月 尺寸：99m×15.2m×7.6m 满载吃水(m)：6.3 主机功率：4500kW×2 总吨位(吨)：3800 航速(节)：17.3 拖力(吨)：151	
13	北海救118	海洋救助船	建造时间：2015年12月 尺寸：99m×15.2m×7.6m 满载吃水(m)：6.3 主机功率：4500kW×2 总吨位(吨)：3800 航速(节)：17.3 拖力(吨)：151	
14	北海救117	海洋救助船	建造时间：2014年6月 尺寸：98.55m×15.2m×7.6m 满载吃水(m)：6.3 主机功率：4500kW×2 总吨位(吨)：3800 航速(节)：17.3 拖力(吨)：151	

续表

序号	名称	类别	参 数	装备照片
15	EC225 大型 直升飞机	救助飞机	机身全长(m)：16.79 机宽(m)：3.38 机高(m)：4.97 最大航程(km)：800 最大巡航速度(km/h)：275 最大起飞重量(kg)：11000 载客人数(人)：2~24	
16	S-76C 直升飞机	救助飞机	机身全长(m)：13.41 最大航程(km)：921 最大巡航速度(km/h)：287 最大起飞重量(kg)：5306 载客人数(人)：2~13	

三、东海救助局救助装备列表

东海救助局主要救助装备见附表3。

附表3　　　　　　　东海救助局主要救助装备

序号	名称	类别	参 数	装备照片
1	东海救101	海洋救助船	建造时间：2012年10月 尺寸：116.95m×16.2m×7.8m 满载吃水(m)：6 主机功率：7200kW×2 满载排水(吨)：6513.13 航速(节)：22 拖力(kN)：1400	

续表

序号	名称	类别	参　　数	装备照片
2	东海救117	海洋救助船	建造时间：2013年10月 尺寸：99.35m×15.2m×7.6m 满载吃水(m)：6.3 主机功率：4500kW×2 满载排水(吨)：5678 航速(节)：18.58 拖力(kN)：1500	
3	东海救111	海洋救助船	建造时间：2005年12月 尺寸：98m×15.2m×7.6m 满载吃水(m)：6 主机功率：4500kW×2 满载排水(吨)：4896 航速(节)：20.1 拖力(kN)：1050	
4	东海救112	海洋救助船	建造时间：2006年1月 尺寸：98m×15.2m×7.6m 满载吃水(m)：6 主机功率：4500kW×2 满载排水(吨)：4896 航速(节)：20.1 拖力(kN)：1050	
5	东海救113	海洋救助船	建造时间：2009年1月 尺寸：99m×15.2m×7.6m 满载吃水(m)：6 主机功率：4500kW×2 满载排水(吨)：4896 航速(节)：20.1 拖力(kN)：1050	

续表

序号	名称	类别	参 数	装 备 照 片
6	东海救115	海洋救助船	建造时间：2010年2月 尺寸：99m×15.2m×7.6m 满载吃水(m)：6 主机功率：4500kW×2 满载排水(吨)：4896 航速(节)：20.1 拖力(kN)：1050	
7	东海救116	海洋救助船	建造时间：2011年6月 尺寸：99m×15.2m×7.6m 满载吃水(m)：6 主机功率：4500kW×2 满载排水(吨)：4896 航速(节)：20.1 拖力(kN)：1050	
8	东海救131	海洋救助船	建造时间：2005年7月 尺寸：77m×14m×6.8m 满载吃水(m)：5.4 主机功率：3360kW×2 满载排水(吨)：3211 航速(节)：18.35 拖力(kN)：800	
9	东海救201	快速救助船	建造时间：2006年7月 尺寸：49.9m×13.1m×4.5m 满载吃水(m)：1.6 主机功率：2240kW×2 满载排水(吨)：230 航速(节)：30	

续表

序号	名称	类别	参　　数	装　备　照　片
10	东海救202	快速救助船	建造时间：2013年9月 尺寸：49.9m×13.1m×4.5m 满载吃水(m)：1.9 主机功率：2560kW×2 航速(节)：30	
11	东海救301	高速救助艇	建造时间：2011年7月 尺寸：17.45m×4.3m×1.85m 满载吃水(m)：0.92 主机功率：588kW×2 航速(节)：32	
12	S-76C++直升飞机	救助飞机	机身全长(m)：13.41 最大航程(km)：921 最大巡航速度(km/h)：287 最大起飞重量(kg)：5306 载客人数(人)：2~13	
13	S-76D直升飞机	救助飞机	机身全长(m)：13.22 机宽(m)：2.13 机高(m)：4.42 客舱尺寸：2.54m×1.93m×1.73m 最大航程(km)：818 最大巡航速度(km/h)：287 载客人数(人)：2~13	

四、南海救助局救助装备列表

南海救助局主要救助装备见附表4。

附表4　　　　　　　　　　南海救助局主要救助装备

序号	名称	类别	参数	装备照片
1	南海救101	海洋救助船	建造时间：2007年11月 尺寸：109m×16.2m×7.6m 满载吃水(m)：6 主机功率：7000kW×2 总吨位(吨)：4190 航速(节)：22 拖力(吨)：140	
2	南海救102	海洋救助船	建造时间：2017年2月 尺寸：127m×16m×8m 满载吃水(m)：6.5 主机功率：6000kW×2 总吨位(吨)：5400 航速(节)：20 拖力(kN)：2000	
3	南海救111	海洋救助船	建造时间：2006年3月 尺寸：98m×15.2m×7.6m 满载吃水(m)：6 主机功率：4500kW×2 总吨位(吨)：3474 航速(节)：20.35 拖力(吨)：107	

续表

序号	名称	类别	参　　数	装备照片
4	南海救112	海洋救助船	建造时间：2006年12月 尺寸：98m×15.2m×7.6m 满载吃水(m)：6 主机功率：4500kW×2 总吨位(吨)：3412 航速(节)：20.13 拖力(吨)：105.5	
5	南海救113	海洋救助船	建造时间：2009年5月 尺寸：99m×15.2m×7.6m 满载吃水(m)：6 主机功率：4500kW×2 总吨位(吨)：3510 航速(节)：20.13 拖力(吨)：105	
6	南海救115	海洋救助船	建造时间：2010年5月 尺寸：99m×15.2m×7.6m 满载吃水(m)：6 主机功率：4500kW×2 总吨位(吨)：3510 航速(节)：20.13 拖力(吨)：105	
7	南海救116	海洋救助船	建造时间：2011年2月 尺寸：99m×15.2m×7.6m 满载吃水(m)：6 主机功率：4500kW×2 总吨位(吨)：3681 航速(节)：20 拖力(吨)：105	

续表

序号	名称	类别	参数	装备照片
8	南海救117	海洋救助船	建造时间：2013年12月 尺寸：99.35m×15.2m×7.6m 满载吃水(m)：6.3 主机功率：4500kW×2 总吨位(吨)：3700 航速(节)：20 拖力(kN)：1500	
9	南海救118	海洋救助船	建造时间：2015年12月 尺寸：99.35m×15.2m×7.6m 满载吃水(m)：6.3 主机功率：4500kW×2 总吨位(吨)：3700 航速(节)：20 拖力(kN)：1500	
10	南海救131	海洋救助船	建造时间：2005年9月 尺寸：77m×14m×6.8m 满载吃水(m)：5.6 主机功率：3360kW×2 总吨位(吨)：2055 航速(节)：17.5 拖力(吨)：100	
11	南海救201	快速救助船	建造时间：2006年11月 尺寸：49.9m×13.1m×4.5m 满载吃水(m)：1.63 主机功率：4480kW 总吨位(吨)：552 航速(节)：30	

四、南海救助局救助装备列表

续表

序号	名称	类别	参　　数	装　备　照　片
12	南海救202	快速救助船	建造时间：2013年12月 尺寸：49.9m×13.1m×4.5m 满载吃水(m)：1.9 主机功率：5120kW 总吨位(吨)：546 航速(节)：30	
13	南海救203	快速救助船	建造时间：2015年2月 尺寸：49.9m×13.1m×4.5m 满载吃水(m)：1.9 主机功率：5120kW 总吨位(吨)：546 航速(节)：30	
14	南海救204	快速救助船	建造时间：2015年11月 尺寸：49.9m×13.1m×4.5m 满载吃水(m)：1.9 主机功率：5120kW 总吨位(吨)：546 航速(节)：30	
15	南海救301	高速救助艇	建造时间：2011年3月 尺寸：17.45m×4.7m×1.85m 满载吃水(m)：0.92 主机功率：588kW×2 航速(节)：32	

续表

序号	名称	类别	参 数	装备照片
16	南海救302	高速救助艇	建造时间：2011年7月 尺寸：17.5m×4.3m×1.85m 满载吃水（m）：0.92 主机功率：588kW×2 航速（节）：32	
17	南海救311	高速救助艇	建造时间：2017年 尺寸：13.59m×4.05m×1.86m 满载吃水（m）：0.9 主机功率：1176kW 航速（节）：35	
18	南海救321	高速救助艇	建造时间：2018年 尺寸：21.4m×6.1m×3.23m 满载吃水（m）：1.99 主机功率：2058kW 航速（节）：25	
19	南海救501	高速救助艇	建造时间：2009年6月 尺寸：8.18m×2.88m×1.1m 满载吃水（m）：0.45 主机功率：162kW 航速（节）：31	

续表

序号	名称	类别	参 数	装 备 照 片
20	南海救502	高速救助艇	建造时间：2009年6月 尺寸：8.18m×2.88m×1.1m 满载吃水(m)：0.45 主机功率：162kW 航速（节）：31	
21	南海救503	高速救助艇	建造时间：2009年6月 尺寸：8.18m×2.88m×1.1m 满载吃水(m)：0.45 主机功率：162kW 航速（节）：31	
22	南海救504	高速救助艇	建造时间：2009年6月 尺寸：8.18m×2.88m×1.1m 满载吃水(m)：0.45 主机功率：162kW 航速（节）：31	
23	南海救508	高速救助艇	建造时间：2013年4月 尺寸：8.9m×3.18m×1.25m 满载吃水(m)：0.45 主机功率：191kW 航速（节）：30	

续表

序号	名称	类别	参　　数	装备照片
24	南海救509	高速救助艇	建造时间：2014年 尺寸：8.9m×3.18m×1.25m 满载吃水(m)：0.45 主机功率：191kW 航速(节)：30	
25	南海救510	高速救助艇	建造时间：2016年 尺寸：10.5m×2.75m×1.28m 满载吃水(m)：0.56 主机功率：294kW 航速(节)：31	
26	南海救511	高速救助艇	建造时间：2016年 尺寸：10.5m×2.75m×1.28m 满载吃水(m)：0.56 主机功率：294kW 航速(节)：31	
27	南海救512	高速救助艇	建造时间：2020年 尺寸：10.5m×2.75m×1.28m 满载吃水(m)：0.56 主机功率：368kW 航速(节)：40	

续表

序号	名称	类别	参 数	装备照片
28	EC225 大型 直升飞机	救助飞机	机身全长(m)：16.79 机宽(m)：3.38 机高(m)：4.97 客舱尺寸：5.69m×1.8m×1.45m 最大航程(km)：800 最大巡航速度(km/h)：275 最大起飞重量(kg)：11000 载客人数(人)：2~24	
29	S-76D 中型 直升飞机	救助飞机	机身全长(m)：13.22 机宽(m)：2.13 机高(m)：4.42 客舱尺寸：2.54m×1.93m×1.73m 最大航程(km)：818 最大巡航速度(km/h)：287 载客人数(人)：2~12	

五、烟台打捞局装备列表

烟台打捞局部分装备技术参数见附表5。

附表5　　　　　　　　烟台打捞局部分装备技术参数

序号	名称	类型	基 本 参 数	
1	德浮3600	工程船	建造(引进)时间：2014年 主尺度：114.4m×48m×8.8m 吃水(m)：4.8 满载排水量(吨)：24247.2	航速(节)：4 侧推：750kW×1 发电机功率：1150kW×2 桨叶形式×桨数量：4叶全回转×2

续表

序号	名称	类型	基本参数	
2	德渡	工程船	建造(引进)时间:2010年 主尺度:85m×25m×6.8m 吃水(m):4	吊能力(吨):100 主机功率(kW):500×3 发电机功率(kW):300×1
3	德泇	多用途船	建造(引进)时间:1999年 主尺度:73.5m×16.4m×8m 吃水(m):6.9 满载排水量(吨):2590 航速(节):15	主机功率(kW):5620×2 发电机功率(kW):1800×2;300×2;80×1 桨叶形式×桨数量:2×4 拖力(吨):187
4	德泮	多用途船	建造(引进)时间:2000年 主尺度:59.9m×13.2m×6.2m 吃水(m):5.27 满载排水量(吨):1321 航速(节):14	拖力(kN):650 主机功率(kW):1640×2 发电机功率(kW):800×2;320×2
5	德淇	多用途船	建造(引进)时间:2011年 主尺度:76m×17m×7.5m 吃水(m):6 满载排水量(吨):3058 航速(节):15	拖力(吨):153 主机功率(kW):5040×2 发电机功率(kW):420×2;900×2
6	德潼	多用途船	建造(引进)时间:2001年 主尺度:67.4m×14m×6.9m 吃水(m):4.7 满载排水量(吨):2008 航速(节):14	拖力(吨):70 主机功率(kW):2960×2 发电机功率(kW):370×2;800×2
7	德沃	多用途船	建造(引进)时间:2011年 主尺度:59.2m×14m×6m 吃水(m):4.8 满载排水量(吨):1470 航速(节):14	拖力(吨):60 主机功率(kW):1838×2 发电机功率(kW):350×2;600×1
8	德湛	多用途船	建造(引进)时间:2011年 主尺度:59.2m×14m×6m 吃水(m):4.8 满载排水量(吨):1470 航速(节):14	拖力(吨):60 主机功率(kW):1838×2 发电机功率(kW):350×2;600×1

续表

序号	名称	类型	基本参数	
9	德滋	拖轮	建造(引进)时间：2012年 主尺度：42.1m×11.4m×5.2m 吃水(m)：4.3 满载排水量(吨)：1114.6 航速(节)：12.5	拖力(吨)：52.2 主机功率(kW)：1471×2 发电机功率(kW)：150×2
10	德滇	拖轮	建造(引进)时间：2011年 主尺度：59.2m×14m×6m 吃水(m)：4.8 满载排水量(吨)：1470	航速(节)：13.5 拖力(吨)：60 主机功率(kW)：1838×2 发电机功率(kW)：350×2
11	德涓	拖轮	建造(引进)时间：2010年 主尺度：59.2m×14m×6m 航速(节)：13.3	拖力(吨)60 主机功率(kW)：1838×2 发电机功率(kW)：350×2
12	德济	拖轮	建造(引进)时间：2010年 主尺度：59.2m×14m×6m 航速(节)13.3	拖力(吨)：60 主机功率(kW)：1838×2 发电机功率(kW)：350×2
13	德淳	拖轮	建造(引进)时间：2009年 主尺度：59.2m×14m×6m 吃水(m)：4.8 满载排水量(吨)：2643	航速(节)：13.3 拖力(吨)：60 主机功率(kW)1838×2 发电机功率(kW)350×2
14	德渝	拖轮	建造(引进)时间：2009年 主尺度：59.2m×14m×6m 吃水(m)：4.8 满载排水量(吨)：2643	航速(节)：13.3 拖力(吨)：60 主机功率(kW)：1838×2 发电机功率(kW)：350×2
15	德滨	拖轮	建造(引进)时间：2009年 主尺度：36.1m×10m×4.8m 吃水(m)：3.5 满载排水量(吨)：720	航速(节)：13.5 拖力(吨)：50 主机功率(kW)：1471×2 发电机功率(kW)：100×2
16	德沣	拖轮	建造(引进)时间：2009年 主尺度：59.2m×14m×6m 吃水(m)：4.8 满载排水量(吨)：2643	航速(节)：13.3 拖力(吨)：60 主机功率(kW)：1838×2 发电机功率(kW)：350×2

续表

序号	名称	类型	基本参数	
17	德兆	拖轮	建造(引进)时间：2018年 主尺度：89.3m×19m×9m 拖力(吨)：145	主机功率(kW)：4000×2 发电机功率(kW)：2720×4
18	德任	拖轮	建造(引进)时间：2020年 主尺度：66.2m×16m×6.2m 吃水(m)：5.2	最大航速(节)：12.5 拖力(吨)：92
19	德涞	拖轮	建造(引进)时间：2012年 主尺度：42.1m×11.4m×5.2m 吃水(m)：4.364 满载排水量(吨)：1114.6	航速(节)：12.5 拖力(吨)：53.2 主机功率(kW)：1471×2 发电机功率(kW)：150×2 桨叶形式×桨数量：4叶固定式×2
20	德渤	驳船	建造(引进)时间：2011年 主尺度：128.4m×33m×7.8m 吃水(m)：5.2 满载排水量(吨)：17598 航速(节)：9.5	总吨位(吨)：10549 载重量(吨)：10000 主机功率(kW)：1800×2 发电机功率(kW)：1450×4
21	德浮1号	驳船	建造(引进)时间：2001年 主尺度：60m×35m×6m 吃水(m)：4	总吨位(吨)：4269 载重量(吨)：4000 满载排水量(吨)：8623
22	德浮2号	驳船	建造(引进)时间：2002年 主尺度：111m×67m×8m 吃水(m)：5.8	满载排水量(吨)：41857 总吨位(吨)：19787 载重量(吨)：16621
23	德浮15002	驳船	建造(引进)时间：2011年 主尺度：125m×35m×7.5m 吃水(m)：5	满载排水量(吨)：9081 发电机功率(kW)：150×2
24	德浮15001	驳船	建造(引进)时间：2011年 主尺度：125m×35m×7.5m 吃水(m)：5	满载排水量(吨)：9081 发电机功率(kW)：150×2

六、上海打捞局装备列表

上海打捞局部分装备技术参数见附表6。

六、上海打捞局装备列表

附表6　　上海打捞局部分装备技术参数

序号	名称	类型	基本参数	
1	聚力	工程船	建造(引进)时间：2012年 主尺度：132m×35m×10m 吃水(m)：6.2 满载排水量(吨)：41300	最大航速(节)：9 发电机功率(kW)：7250 主机功率(kW)：2000×2；1100×1
2	威力	工程船	建造(引进)时间：2010年 主尺度：140m×40m×12.8m 吃水(m)：8.5 满载排水量(吨)：40000 航速(节)：12	吊能力(吨)：3000 主机功率(kW)：4500×4 发电机功率(kW)：2310×2
3	重任121	工程船	建造(引进)时间：2020年 主尺度：169m×39m×10.9m 吃水(m)：7.5 航速(节)：14	主机功率(kW)：5500×2 发电机功率(kW)：4200×4
4	重任122	工程船	建造(引进)时间：2020年 主尺度：169m×39m×10.9m 吃水(m)：7.5 航速(节)：14	主机功率(kW)：5500×2 发电机功率(kW)：4200×4
5	柯力	工程船	建造(引进)时间：2009年 主尺度：125m×32m×12m 吃水(m)：7.5 总吨位：16658	主钩(双钩)吊重/跨距：800t×60m 小钩吊重/跨距：100t×70.6m
6	德涛	拖轮	建造(引进)时间：2011年 主尺度：73.8m×17.2m×7.6m 吃水(m)：6.1 航速(节)：14.5	满载排水量(吨)：5397 拖力(吨)：133 发电机功率(kW)：450×2 主机功率(kW)：2385×2
7	德深	拖轮	建造(引进)时间：2014年 主尺度：90m×20m×8.8m 吃水(m)：7.2 航速(节)：17	拖力(吨)：261.5 发电机功率(kW)：400×3 主机功率(kW)：4000×4
8	德海	拖轮	建造(引进)时间：2011年 主尺度：75m×16.8m×8m 吃水(m)：6.5 航速(节)：15.5	拖力(吨)：258 发电机功率(kW)：600×2 主机功率(kW)：4500×2

续表

序号	名称	类型	基 本 参 数	
9	德远	拖轮	建造(引进)时间：2010年 主尺度：75m×16.8m×8m 吃水(m)：6.5 航速(节)：15.5	拖力(吨)：159 发电机功率(kW)：630×2 主机功率(kW)：4500×2
10	华鲲	拖轮	建造(引进)时间：2009年 主尺度：61m×16m×6.1m 吃水(m)：5.1 航速(节)：13	拖力(kN)：60 主机功率(kW)：1919×2 发电机功率(kW)：275×2
11	德浦	拖轮	建造(引进)时间：2009年 主尺度：63.4m×14m×6.6m 吃水(m)：5.3 满载排水量(吨)：2999	拖力(吨)：71 主机功率(kW)：1919×2 发电机功率(kW)：400×2 航速(节)：13
12	德洲	拖轮	建造(引进)时间：2007年 主尺度：90m×17.2m×8.5m 吃水(m)：6.8 满载排水量(吨)：6452	拖力(吨)：205 主机功率(kW)：5920×2 发电机功率(kW)：560×3 航速(节)：16.5
13	德宏	拖轮	建造(引进)时间：2000年 主尺度：96.4m×16.4m×8.4m 吃水(m)：6.9 满载排水量(吨)：6004 航速(节)：19	拖力(吨)：185 主机功率(kW)：5765×2 发电机功率(kW)：560×2
14	华腾	拖轮	建造(引进)时间：2002年 主尺度：67.2m×14m×6.9m 吃水(m)：5.7 满载排水量(吨)：3505 航速(节)：16	拖力(吨)：104 主机功率(kW)：3600×2 发电机功率(kW)：370×2

七、广州打捞局装备列表

广州打捞局部分装备技术参数见附表7。

七、广州打捞局装备列表

附表7　　　　　　　　　　广州打捞局部分装备技术参数

序号	名称	类型	基 本 参 数	
1	华天龙	工程船	建造（引进）时间：2007年 主尺度：175m×48m×16.5m 吃水（m）：11.5 满载排水量（吨）：83700 航速（节）：5	总吨位（吨）：42518 主机功率（kw）：1500×2 发电机功率（kw）： 2850×3；1000×2
2	南天鹏	工程船	建造（引进）时间：2005年 主尺度：72.64m×28m×5m 吃水（m）：3.5 满载排水量（吨）：6154.8	总吨位（吨）：3455 主机功率（kW）：823×2 发电机功率（kW）：785×4
3	华祥龙	工程船	主尺度：40m×9m×6m 吃水（m）：6 起重能力（吨）：1200 辅起重（吨）：350	桩脚：4 类型：圆柱式 含桩靴长度（米）：90
4	南天龙	工程船	主尺度：100m×30m×8m 吃水（m）：4.1 起重能力（吨）：900	总吨位（吨）：8326 净吨位（吨）：2497
5	华洋龙	工程船	主尺度：228m×43m×13m 吃水（m）：27	航速（节）：14 载重量（吨）：52500
6	华海龙	工程船	主尺度：181m×43m×11m 吃水（m）：7.5	航速（节）：12 载重量（吨）：30000
7	华兴龙	工程船	主尺度：166m×39m×10m 吃水（m）：7.5	抬浮力（吨）：12000 载重量（吨）：25500
8	德信	拖轮	建造（引进）时间：2007年 主尺度：47m×10m×4.3m 吃水（m）：3.5 满载排水量（吨）：946	航速（节）：12 主机功率（kW）：1471×2 发电机功率（kW）：75×3
9	德鲲	拖轮	建造（引进）时间：2001年 主尺度：64.8m×14m×6.9m 吃水（m）：5.8 满载排水量（吨）：3172 拖力（吨）：92	航速（节）：16 主机功率（kW）：2960×2 发电机功率（kW）：800×2/370×2

续表

序号	名称	类型	基本参数	
10	德鹏	拖轮	建造(引进)时间：2000年 主尺度：65.3m×13.2m×6.2m 吃水(m)：4.8 满载排水量(吨)：2569 拖力(吨)：66	航速(节)：14.5 主机功率(kW)：1640×2 发电机功率(kW)：800×2/320×2
11	德强	拖轮	主尺度：91m×22m×9.6m 吃水(m)：8 拖力(吨)：253	航速(节)：17 主机功率(kW)：16000
12	德惠	拖轮	建造(引进)时间：2010年 主尺度：89m×17m×8.5m 吃水(m)：7 拖力(吨)：204	航速(节)：16.5 主机功率(kW)：13050
13	德明	拖轮	建造(引进)时间：2010年 主尺度：65m×14.6m×7m 吃水(m)：5.5 拖力(kN)：800	航速(节)：12.5 主机功率(kW)：4854 总吨位(吨)：1580
14	德穗	拖轮	建造(引进)时间：2003年 主尺度：65m×13m×6.2m 吃水(m)：5.2	航速(节)：14.5 主机功率(kW)：3280 拖力(吨)：62
15	德兴	多用途船	建造(引进)时间：2017年 主尺度：89m×19m×9m 吃水(m)：6.5 拖力(吨)：120	航速(节)：14 主机功率(kW)：10200
16	华力	驳船	主尺度：88m×29m×5.4m 吃水(m)：4.1 载重量(吨)：6277	总吨位(吨)：3735 主机功率(kW)：1125×2

八、彩　图

彩图 4.1　研究区位置①

注：本图基于自然资源部标准地图服务网站审图号为 GS(2019)1711 号的标准地图制作，底图边界无修改。

---

① 曹强，王迎春. 中国南海问题研究回顾与展望(2001—2020 年)——基于 CNKI 数据和知识图谱的分析[J]. 南海学刊，2022，8(01)：70-84.

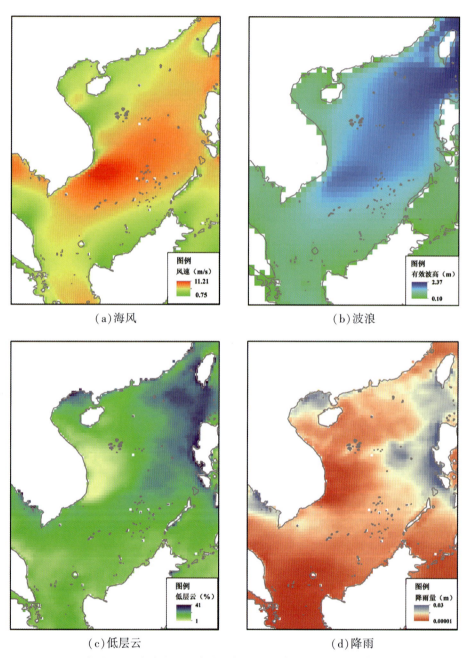

彩图 4.2 南海海风、波浪、低层云和降雨空间分布示意图

八、彩 图

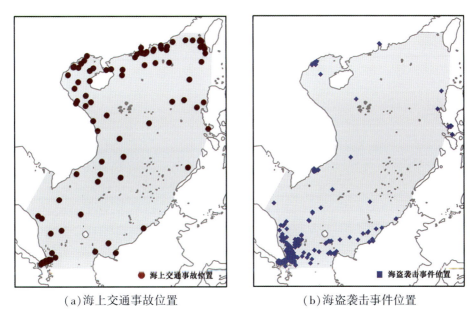

(a)海上交通事故位置　　　　　　　(b)海盗袭击事件位置

彩图4.4　南海海域部分海上交通事故位置与海盗袭击事件位置

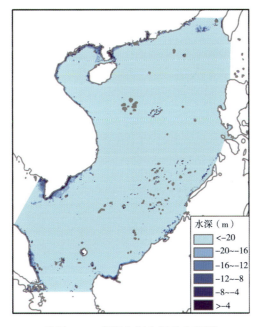

彩图6.2　南海水深空间分布情况

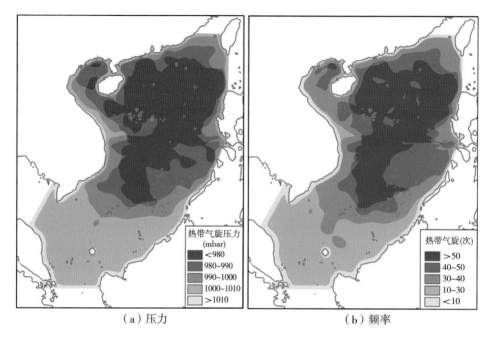

(a)压力　　　　　　　　　　　　　　(b)频率

彩图6.3　南海热带气旋空间分布示意图

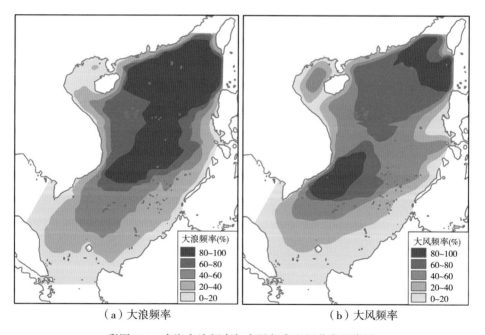

(a)大浪频率　　　　　　　　　　　　(b)大风频率

彩图6.4　南海大浪频率与大风频率空间分布示意图

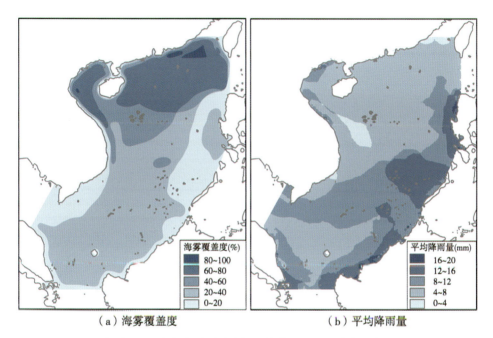

彩图 6.5 南海海雾覆盖度与平均降雨量空间分布示意图

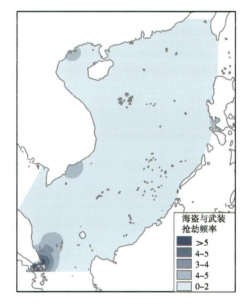

彩图 6.6 南海海盗与武装抢劫频率空间分布示意图

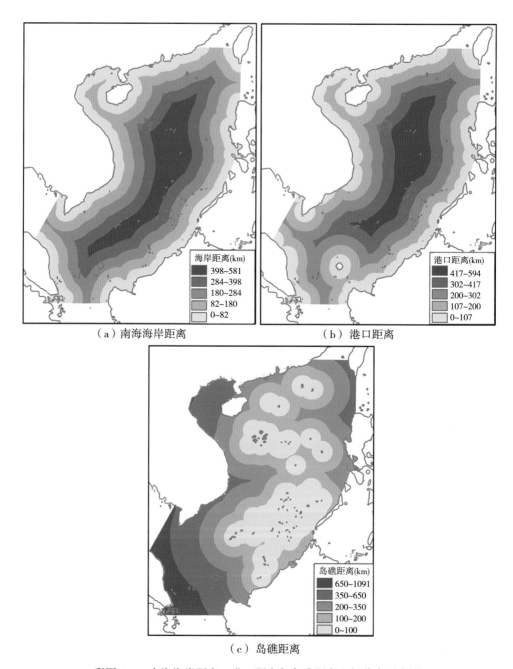

彩图 6.7 南海海岸距离、港口距离与岛礁距离空间分布示意图

八、彩　图

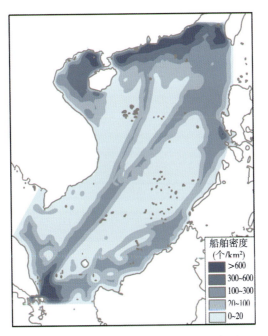

彩图 6.8　南海船舶密度空间分布示意图

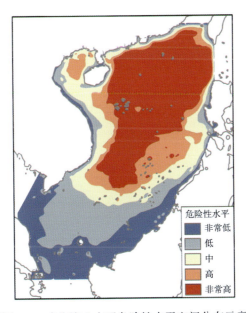

彩图 6.9　南海海上交通危险性水平空间分布示意图

附 录

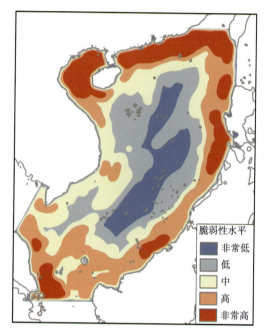

彩图 6.11 南海海上交通脆弱性水平空间分布示意图

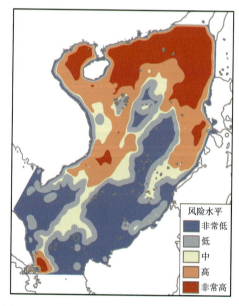

彩图 6.13 南海海上事故风险水平空间分布示意图